falter 31

Michael Lipson

Finde dich neu

Sechs Stufen zu einem kreativen Leben

Verlag Freies Geistesleben

Aus dem Englischen von Adelhart Loge

Die Originalausgabe erschien 2002 unter dem Titel
The Stairway of Surprise. Six Steps to a Creative Life bei
Anthroposophic Press, jetzt Steiner Books, New York.

2. Auflage 2005

Verlag Freies Geistesleben
Landhausstraße 82, 70190 Stuttgart
Internet: www.geistesleben.com

ISBN 3-7725-1431-6

Copyright © 2002 Michael Lipson
Deutsche Ausgabe: © 2005 Verlag Freies Geistesleben
& Urachhaus GmbH, Stuttgart
Umschlagfoto: Wolfgang Schmidt, Ammerbuch
Druck: Freiburger Graphische Betriebe

Inhalt

Einleitung 7

1. Denken 27
    Die Praxis des Denkens 44
2. Handeln 51
    Die Praxis des Handelns 63
3. Fühlen 69
    Die Praxis des Fühlens 81
4. Lieben 93
    Die Praxis des Liebens 105
5. Sich öffnen 111
    Die Praxis des Sich-Öffnens 123
6. Danken 133
    Die Praxis des Dankens 149

Anmerkungen 155

**Bei jedem Schritt auf dem Stufenweg
tauchen wir in einen neuen Anfang ein.**

Einleitung

Es gibt ein gewisses *Extra* in der menschlichen Seele. In uns steckt mehr als genug und vielleicht zu viel. Während der Granit, das Gras und die Möwe sich mehr oder minder an die gewohnten Wege ihres Daseins halten, haben die Menschen die Fähigkeit zu endloser Kreativität (und Verzerrung). Wir sind von allen Gliedern der Schöpfung am wenigsten vorhersehbar. Überraschung macht unser eigentliches Wesen aus.

Menschliche Sprachen und Kulturen enthalten vieles, was «nutzlos» genannt werden könnte: Künste, Religionen, Fiktionen, Erfindungen, Spiel. Sie gehen über das hinaus, was wir zum Aufrechterhalten unseres biologischen Lebens benötigen. Wir sind freier von den Zwängen der Nützlichkeit als alle unsere Freunde auf dem Planeten. Auch unser inneres Leben fließt über von Extras, wobei sich neben Neuem auch alte Hüte finden: Versöhnlichkeit, Groll, Hingabe, Nostalgie, Erfindungsgeist. Ich erinnere mich, wie ich als Sechsjähriger aus der rückwärtigen Scheibe unseres Ford Kombi starrte und mich fragte: «Worüber soll ich nachdenken?» Ich hatte – wie es Kindern bei ihrem langsamen Fall aus der Anmut oft geht – bemerkt, dass dieses irgendwie geartete Extra, dieses Überflüssige in der menschlichen Seele, eine Aufgabe braucht.

Mit diesem Buch wird nicht bezweckt, dem Leser eine Aufgabe zu stellen, ja, nicht einmal, ihm bei der Suche nach einer solchen zu helfen. Das Ziel ist hier vielmehr, Wege vorzuschlagen, auf denen wir zu den Kräften und Tiefen unserer Seele gelangen können, sodass sie für Aufgaben nach unserer eigenen Wahl wirklich zur Verfügung stehen.

Wenn wir erwachsen werden, finden wir es normalerweise schwierig, uns in eine Aufgabe ganz einzubringen. Das völlige Einswerden im Spiel und beim Spracherwerb, das kleine Kinder zeigen, macht in der späteren Kindheit und im Erwachsenenalter nach und nach einem Inneren voller Zerstreutheit, Assoziationen und Sorgen Platz. Doch verschwinden unsere Kräfte der Hingabe niemals völlig. Wir können immer *ein wenig* Aufmerksamkeit aufbringen. Diese fundamentalste menschliche Fähigkeit – die Fähigkeit, Acht zu haben – ist das menschliche *Extra*. Sie kann gestärkt werden, sodass wir uns der gewählten Arbeit und dem Spiel schöpferischer widmen und etwas von der vollständigen Hingabe des kleinen Kindes zurückgewinnen können.

In der westlichen Tradition ist oft auf die Notwendigkeit hingewiesen worden, die Fähigkeit zur Aufmerksamkeit zu stärken. Im *Phaidon* deutet Platon in diese Richtung, wenn er Sokrates über das «Sammeln» der Seelenkräfte durch Philosophie sprechen lässt.[1]

Das vorliegende Buch wird sechs Aspekte der Aufmerksamkeit besprechen, mit Übungen, um jede von ihnen zu stärken, zu «sammeln». Bisher waren sie bekannt als *Gedankenkonzentration, Willensinitiative, Gleichmut, Positivität, Unvoreingenommenheit und Versöhnlichkeit*.[2] Ich habe diesen sechs Übungen neue Namen gegeben: *denken, handeln, fühlen, lieben, sich öffnen, danken* – und sie unserer Zeit entsprechend ausgearbeitet.

Das sind viele Tätigkeitsworte. Ich benutze sie anstelle von Hauptworten wie «Gedankenkonzentration», um das Strömen der Aufmerksamkeit, ihren Verlaufscharakter hervorzuheben. Wie die Musik sind diese sechs Kategorien keine bleibenden Besitztümer oder Dinge. Sie existieren nur im Tun, im Moment ihrer Ausführung. In seinem kürzlich erschienenen Buch erklärt Rabbi David Cooper: «Gott ist ein Tätigkeitswort.»[3] Nun, die genannten menschlichen Kategorien sind ebenfalls Verb-ähnlich und lebendig.

Wie das Spielen eines Musikinstrumentes erfordern auch diese Seelenkräfte Übung, wenn sie Bedeutung gewinnen sollen. Dieses Buch enthält Vorschläge, wie sie geübt werden können. Denken Sie bitte bei dem, was hier zu lesen ist, eher an ein musikalisches Notenbild als an eine Sammlung von Informationen. Die beschriebenen Übungen werden Ihnen erst dann etwas bedeuten, wenn Sie sie tatsächlich praktizieren, ebenso wie sich eine musikalische Partitur erst dann enthüllt, wenn sie bei der Ausführung zum Erklingen kommt. Wenn die Kunstfertigkeit des Spielers wächst, tritt die Musik mehr zu Tage. Es liegt an uns, nicht nur aufzunehmen, sondern selbst und jedes Mal aufs Neue solche Übungen zu erfinden.

In gewissem Sinne sind die sechs Kräfte und die Übungen zu ihrer Förderung nur Steigerungen innerer Funktionen, von denen wir alle wissen, dass wir sie weiterentwickeln sollten. Wir alle könnten besser *denken* mit weniger Zerstreutheit, mehr Konzentration und mehr Erfindungsgabe. Wir alle haben Schwierigkeiten, unsere Absichten auszuführen (*handeln*). Wir alle hätten Vorteile, wenn wir unsere auf uns selbst bezogenen Gefühle nach außen lenken und die Welt *fühlend* verstehen könnten. Wenn wir aufrichtig sind, müssen wir uns eingestehen, dass wir stärker *lieben* könnten, um so das Gewicht unserer Aufmerksamkeit auf die Seite des Guten zu verlagern. Durch das Sich-Öffnen bzw. Unvoreingenommensein würden wir uns als empfänglicher erleben für die Intuitionen, die dieser Welt zugrunde liegen, und für jene, die noch darauf warten, von uns verwirklicht zu werden. Schon empfinden wir, dass *danken* uns mit der Quelle von allem Gegebenen vertraut macht.

Ein intensives Üben dieser mehr oder minder bekannten geistig-seelischen Eigenschaften kann uns auf unbekanntes Gebiet führen. Die verschiedenen genannten Fähigkeiten (denken, fühlen und so fort) können eine tief greifende Umwandlung erfahren. Sie können so verschieden von ihren unentwickelten Formen werden wie aufgegangenes Brot von plattem Teig. Die Übungen geben uns Sicherheit in der alltäglichen Welt von Arbeit und Spiel, Familie, Freunden und Kollegen, und sie beleben die Welt jenseits unserer normalen Erfahrung. Darum nenne ich diesen Weg den «Stufenweg der Überraschung». Der Ausdruck stammt von Ralph Waldo Emerson, dem grundlegenden amerikanischen Denker, der schrieb: «I shall mount to paradise/ By the stairway of surprise»[4] – «Ich werde aufsteigen ins Paradies/ Auf dem Stufenweg der Überraschung.» Wenn wir die gewohnten Funktionen von Herz und Geist vertiefen und läutern, können wir von ihnen wieder Überraschendes «erwarten».

Für eine Überraschung kann ein Ablauf nicht vorhergesagt werden (oder sie ist keine), im Vorgriff konnte Emerson aber etwas über ihre generelle Richtung sagen: sie geht auf das «Paradies» zu. Damit wollte Emerson ausdrücken, dass jene Qualitäten des Wunders, der Liebe und der Energie, die wir normalerweise ins Jenseits verlegen, genau hier auf der Erde gefunden werden können. Paradies ist ein irdisches Projekt. Durch das Steigern und Konzentrieren unserer Seelenkräfte verbinden wir Himmel und Erde. Wir finden Gelegenheiten zum Staunen und zur Überraschung in der einfachen Tatsache unseres Hierseins. Diese Tätigkeiten halten uns nicht von unseren Verpflichtungen und Verbindungen ab, sie stärken uns vielmehr darin, ihnen mit Freude nachzukommen. Spirituelle Traditionen erscheinen manchmal als Mittel zur Flucht aus dem Leben und der Arbeit. Es sei daher zu Beginn festgestellt, dass die hier angebotenen Mittel als Hilfen für die Inkarnation verstanden werden. So wie Robert Frost schrieb: «Die Erde ist der richtige Ort zum Lieben. Ich wüsste nicht, wohin man dazu besser gehen könnte.»[5] Die Liebe gedeiht hier, wo es sowohl Hindernisse als Möglichkeiten gibt, gerade hier auf Erden, inmitten von Freude und Schmerz.

Ich begegnete den sechs Übungen, die die Schritte des Stufenweges ausmachen, zuerst in dem Werk von Rudolf Steiner, dem österreichischen Wissenschaftler und Geistesforscher, der die Waldorfschulen, die biologisch-dynamische Landwirtschaft und viele andere Initiativen auf spiritueller Basis begründete. Steiner nannte seinen Zugang zum spirituellen Leben «Anthroposophie» (Weisheit vom Menschen) und gründete seine sehr praktischen Erfindungen auf die

von ihm so genannte «geisteswissenschaftliche Forschung».
Das ist ein Weg, dasjenige, was die Welt ist und was sie
braucht, durch ein hoch ausgebildetes Selbst-Bewusstsein
zu untersuchen. Seine Sicht verschmolz die spirituellen Traditionen des Ostens (einschließlich der Ideen von Karma
und Reinkarnation) mit solchen des Westens (einschließlich des Christentums), lange bevor solche Synthesen als
modern angesehen wurden.[6]

Steiner hielt diese sechs Übungen für sehr wichtig, wobei er sie jedes Mal in leicht veränderter Form darstellte. Er
nannte sie – etwas missverständlich – «Nebenübungen»,
weil er sie als begleitende Übungen zu einer zentralen
täglichen Meditation ansah. Doch sind diese Übungen an
sich schon tiefe Meditationen und können allein für sich
stehen. Steiner berichtet nicht, wie er zu diesen Übungen
gekommen ist; sie haben Gleichklänge in sehr alten Prakti-
ken aus den Mysterientraditionen der Welt. Beispielsweise
überschneiden sie sich bis zu einem gewissen Grade mit
der buddhistischen Theorie der sechs *paramitas* oder Qualitäten der Erleuchtung. Auch die Qualitäten, die mit den
hinduistischen *Chakras* oder Energiezentren des Körpers
verknüpft sind, können als Varianten der gleichen Themen angesehen werden. In diesem Buch wollen wir ihre
Gültigkeit jedoch weniger aus der Tradition ableiten als
sie vielmehr wegen ihres Eigenwertes untersuchen. Diesen besitzen sie als Erweiterung von Qualitäten, die wir
alle aus der täglichen Erfahrung kennen. Sie arbeiten auf
dem Gebiet des Unsichtbaren, denn sie sind Formen der
Aufmerksamkeit und sie orientieren uns zum Verstehen

hin – dieses und jene sind die beiden grundlegenden unsichtbaren Phänomenen.

In allen ihren Formen basieren solche Übungen auf der Einsicht, dass das Bewusstsein real ist und dass wir unser Bewusstsein verbessern müssen, um unsere Realität zu verbessern. Schließlich haben wir keinen Zugang zu einer Welt außerhalb unseres Bewusstseins; wie könnten wir ihn auch haben? Steiner selbst untersuchte dieses Gebiet: In seinen frühen philosophischen Werken betonte er, dass unser Erkennen durch die begriffliche Durchdringung unserer Wahrnehmung zustande kommt.[7] Doch die Grenzen, die uns durch unser Bewusstsein, durch unsere Art zu sehen, gesetzt sind, erweisen sich als beweglich, sie schließen uns nicht von der Realität ab. Wenn wir unser Bewusstsein schulen, können wir über den begrifflichen Stil unseres Welterkennens hinauskommen. Die *Richtung*, in der wir Erweiterung suchen, ist leicht anzugeben – hin zur Quelle alles Guten –, doch weit weniger leicht zu finden und zu praktizieren. Wenn wir das tatsächlich tun, werden wir sehen, dass sich die Welt auf dreierlei Weise verändert: Erstens werden wir die Welt anders wahrnehmen: sie wird reicher an Bedeutung. Zweitens werden wir auf diese neue Welt schöpferischer antworten: wir werden ihr Bedeutung hinzufügen. Drittens wirkt Meditation unmittelbar im Unsichtbaren und ändert die Welt in ihrem Innersten.

Ich begegnete diesen sechs Übungen wieder in den Schriften von Georg Kühlewind, dessen Ideen vieles von dem, was folgt, inspiriert haben.[8] Ähnliche Ideen finden sich hier und da verstreut in den *Essays* von Emerson,[9] ihm lag es jedoch völlig fern, sie in eine Ordnung zu bringen und konkrete Übungen vorzuschlagen. Hier habe ich alles zusammengetragen und neu geformt, was ich dazu bei Steiner, Kühlewind und Emerson gefunden habe.

Diese Übungen sind vielfältig getestet und angewendet worden. Als Chefpsychologe für Kinder mit Aids am Harlem Hospital in New York City praktizierte ich sie intensiv, um die extreme Anspannung bei der Arbeit mit sterbenden Kindern und ihren Eltern tragen zu können. Als Ehemann und Vater habe ich sie als unschätzbar erlebt, wenn es darum ging, in meiner Familie Konflikten zu begegnen und mehr Freude hereinzubringen. Als Psychologe in eigener Praxis konnte ich einige meiner Patienten durch die sechs Übungen als Teil ihrer Heilung geleiten. Als Leiter von Konferenzen und Workshops habe ich sie mehreren hundert Personen vermittelt. Diese Erfahrungen haben mich davon überzeugt, dass der Stufenweg für jedermann hilfreich sein kann. Seine Schritte sind praktisch und finden ihre effektivste Anwendung nicht nur in der Zurückgezogenheit oder bei einsamer Meditationspraxis, sondern in unserem gewöhnlichen Leben.

Zum Verständnis dessen, wie die sechs Schritte des Stufenweges zusammenwirken, müssen wir zurückkehren zum Begriff des Extra-Elementes in der menschlichen Seele, d.h. ihrer Fähigkeit zur Aufmerksamkeit, die weit über das hinausgeht, was wir für das körperliche Leben benötigen. Dieses gewisse Extra bewegt sich in jedem Moment in eine von zwei grundlegenden Richtungen. Entweder setzt es uns in Gewohnheiten (und Selbstorientierung) gefangen oder es verwandelt sich in Fähigkeiten (und die Freiheit von einer fest gefügten Form). In der einen Richtung tendiert es zur Verfestigung, in der anderen bleibt es fließend. Für die meisten von uns liegt das Problem in der Richtung zur Verfestigung, zu Gewohnheiten und dem nur allzu Vertrauten. Normalerweise wird es uns nie einfallen, dass das Bewusstsein selbst, mit dem wir dem Leben begegnen, seine Grenzen erweitern, sich wandeln und neue Qualitäten entwickeln kann. Wir nehmen an, dass wir schon weitestgehend wissen, wie die Dinge sind, obwohl es gerade dieses «Wissen» von der Welt ist, das aufgelöst werden muss, damit frische Fähigkeiten wachsen können. Wie es Will Rogers in seiner Art ausdrückt: «Es ist nicht das, was die Leute nicht wissen, das ihnen schadet, sondern das, was sie wissen.»

Bezeichnenderweise haben wir von dem, was schadet, viel zu viel. Gut gepolstert mit Pseudowissen, segeln wir mitten durch die brillantesten Intuitionen, durch die wunderbarsten Schauer und Regengüsse von Bedeutungen, ohne von der kleinsten Einsicht durchdrungen zu werden. Wir haben Überraschung verzweifelt nötig. Aber Überraschung wird nur dann ein Grundzug des Lebens werden, wenn wir die Funktionen der Seele schulen, sodass sie ihre ursprüngliche Sensitivität und Biegsamkeit wiedergewinnen und sogar überschreiten.

Bei jedem Schritt auf dem Stufenweg tauchen wir in einen neuen Anfang ein. Es ist gut, sich ins Gedächtnis zu rufen, dass Anfänge schon immer festlich begangen wurden, und sich zu fragen, warum das so ist. Wir legen Wert auf Feierlichkeit am Beginn von Festessen, bei der

Gründung einer Nation, bei einem Kindergeburtstag, beim Stapellauf eines Schiffes. Hinter solchen Ritualen verbirgt sich ein Wissen um die Magie des Willens zum Anfangen. Mystiker haben ihre Schulung «Initiation» genannt und weisen damit auf das Leben in fortwährendem Anfangen oder Initiieren hin, zu dem sie ihre Schüler erziehen. Viele Traditionen kennen die besondere Offenheit von Kindern («Wenn ihr nicht werdet wie die Kindlein ...», Mt. 18,3)[10] und regen uns dazu an, die Offenheit des beginnenden Lebens als Erwachsener wieder zu entdecken. Immer wenn wir ein Talent entwickeln, wenn wir verstehen, wenn wir geben oder vergeben, nehmen wir teil an der heilsamen Tätigkeit dieses menschlichen «*Extra*», das anderenfalls zu Gewohnheiten und Vorurteilen verknöchert. Wir *fangen an*.

Die sechs Übungen sollen nacheinander geübt werden: zuerst die erste, dann die zweite und so weiter. Es gibt gute Gründe für den hier angegebenen Ablauf, obwohl alle einander unterstützen und gegenseitig fördern.

Als Erstes kommt *denken*, denn es ist die Grundlage von allem, was wir tun: jeder Entscheidung, jeder Handlung, jedem Verstehen. Wie der Buddha sagt: «Wir sind, was wir denken. Alles was wir sind, entsteht mit unseren Gedanken. Mit unseren Gedanken machen wir die Welt.»[11] So sollte das Denken vorzugsweise die erste umzuwandelnde Seelenfunktion sein. Anderenfalls würden unsere Entscheidungen über die Umwandlung unserer übrigen Seele durch ein nicht umgewandeltes Denken gefällt werden, was so ähnlich wäre, als wenn man sich die Hände mit einem Schmutzklumpen anstelle von Seife wäscht. *Denken* führt uns zu der formlosen Quelle unserer Gedankenformen. Der nächste Schritt ist *handeln*, ein Heilmittel gegen den erschöpfenden Hochdruck des täglichen Lebens und ein Pfad in die Quellen des Willens hinein. Es lehrt uns, aus einem «sanften» oder bedeutungsorientierten Willen heraus zu handeln und sogar aus einem neu entstehenden oder leeren Willen. Das Reinigen des Denkens und Wollens führt dann weiter zu Übungen, rein zu *fühlen* – mit einem ebenfalls formfreien Fühlen, das noch ungefärbt ist von Sympathie und Aversion. Nur eine Aufmerksamkeit, die bis zu einem gewissen Grade *fühlen* gelernt hat, kann das Gute in allen Situationen finden und so dasjenige entwickeln, was auf diesem Stufenweg *lieben* genannt wird. Eine Prädisposition zum Guten bleibt uns als Orientierungsvermögen, wenn wir uns radikal allem Entgegenkommenden *öffnen*, frei von Worten, Begriffen und Formen. *Danken* ist sowohl Ende wie Anfang, Resultat der anderen Schritte und zugleich deren Vorbedingung. Es gibt uns den Antrieb, den Weg hinauf von Neuem zu beginnen. (Der Achtgliedrige Pfad des Buddhismus, der mit dem richtigen Verstehen beginnt, wird üblicherweise als Kreis dargestellt, der die gleiche Idee vom Ende im Anfang, vom Anfang im Ende darstellt).

Man kann so vorgehen, dass man zunächst die erste Übung einen Monat lang macht, mindestens einmal täglich. Im zweiten Monat nimmt man sich die zweite Übung intensiv vor, wobei man mit der ersten in weniger intensiver Form fortfährt. Mit jedem folgenden Monat nimmt man eine neue Übung auf, ohne die vorhergehenden fallen zu lassen. Im sechsten Monat übt man *danken* wenigstens einmal täglich und jede der anderen wenigstens einmal wöchentlich. Auf diese Weise kann man in Verbindung mit allen von ihnen bleiben und sehen, wie eine die andere verstärkt. Am Ende der ersten sechs Monate beginnt man die Runde wieder von vorn.

Obwohl die sechs Schritte begrifflich auseinander gehalten werden können, bilden sie ein Kontinuum – vielleicht sollte dieses Buch «Das Gleiten auf dem Wasser der Überraschung» genannt werden. Konzentration im Denken führt uns, wenn sie unseren Denkprozess entsprechend gereinigt hat, auf dem Weg durch die «anderen» Fähigkeiten. Alle sechs Schritte führen zur Steigerung der Aufmerksamkeit, sodass diese eines Tages ohne ihr Thema existieren und die Ich-bin-Erfahrung werden kann.

So wie bei körperlichen Übungen auch, mag man bemerken, dass anscheinend niemals für sie der richtige Zeitpunkt am Tag ist, obwohl man fühlt, dass diese Übungen gut für einen sind. Man verschiebt sie auf später und dann auf noch später. Durch die Übungen selbst können diese Versuche des Ausweichens sehr viel seltener werden, doch sie verschwinden möglicherweise nie ganz. Die Macht der Gewohnheit regt sich und diese Übungen bedrohen sie. Die Übungen verlangen einiges Tun; weiterzumachen mit dem Leben, wie es ist, erfordert dagegen überhaupt keine Anstrengung (obwohl es unsere Energie verbraucht). Die Übungen kosten auch etwas Zeit, doch während wir immer Zeit haben für unsere schlechten Gewohnheiten, scheint es schwer zu sein, «Zeit zu finden» für die guten Gewohnheiten (obwohl diese uns Energie *geben*). Diese Übungen benötigen viel weniger Zeit, als wir täglich ins Leere laufen lassen. Warum sollte man sie nicht schon vor dem Aufstehen machen?

Obwohl die Übungen in einem gewissen Sinne «unnatürlich» sind, denn sie erfordern Aufmerksamkeit und Antrieb, ist es hilfreich daran zu erinnern, dass man sie nicht wie eine Arbeit angehen darf, sondern eher wie ein Spiel. Es bleibt uns überlassen, die beste Zeit am Tage herauszufinden, wo wir sie ohne Murren tun. Denken wir nicht, sie seien mühsam oder gar wichtig. Wir können heiter, mit entspanntem Körper und ohne Mühe in sie einsteigen. Betrachten wir sie nicht als zusätzliche Verpflichtung, sondern als Erfrischung. Sie werden viel besser gehen, wenn unsere Aufmerksamkeit zu ihnen ungeteilt ist. Ein verkrampfter Körper oder ein furchtsames Herz werden uns niemals eine ungeteilte Aufmerksamkeit möglich machen. In den Übungen will man sich verlieren, so wie man bei einem guten Buch von sich loskommt; man vergisst selbst, dass man liest. Dann gibt es keine Anstrengung, keine Unruhe, keine Sorge.

Zu verschiedenen Zeiten und auf verschiedene Weise können Fragen auftauchen: «Wofür sind diese Übungen gut? Warum mache ich sie überhaupt?» Um eine Antwort zu finden, können wir die Ableitung des englischen Wortes *happy* betrachten. Es kommt aus der gleichen Wurzel wie *happen* (geschehen). Froh sein ist aus derselben Substanz, aus der heraus etwas geschehen kann. Wir haben teil an dem, was das Glück bringt, und deshalb sind wir glücklich. Wenn wir uns nicht abseits fühlen und uns nicht von dem fernhalten, was um uns herum geschieht, sind wir froh beim Mitschöpfen der Tagesereignisse. Für die meisten von uns liegt das fernab der eigenen Lebenserfahrung. Wir sehen entweder passiv zu oder sausen in selbst-bezogener Aktivität herum. Wir wählen den Mittelweg, wenn wir an dem, was geschieht, mit ganz offenen Armen teilnehmen. Aber das erfordert für die meisten von uns Übung. Es kommt nicht von selbst, sondern erfordert unsere Kreativität. Die alltäglichen Kräfte der Seele, die wir als selbstverständlich voraussetzen, können in ihren entwickelten und gesteigerten Formen unsere Einheit mit allem, was geschieht, aufdecken.

Zu Glück in diesem Sinne bieten die sechs Schritte des Stufenweges äußerst konkrete Wege an. Die Übungen geben uns die Kraft, unsere praktischen Probleme zu lösen. Sie versetzen uns auch in die Lage, unsere Probleme zu hinterfragen, anders zu sehen und sie in einem neuen Licht zu erfahren. Von *denken* bis hin zu *danken* stehen sie alle unter dem Zeichen des Anfangens, und das bedeutet das Ende der Bequemlichkeit. So wie die *sadhus* in der Hindutradition fortwährend wandern, damit sie sich an keinen Ort binden, hält uns der Stufenweg der Überraschung davon ab, uns in alten Gewohnheiten heimisch zu machen. Er stürzt alles in uns um, was beharrlich die Welt als öde Wiederholung des immer Gleichen haben will. Im gleichen Ausmaß, in dem wir zum Beispiel unsere Aversionen wie Gold hüten, werden diese Übungen unseren Schatz gefährden.

Mit einer Eigenschaft wie nachtragender Empfindlichkeit haben wir, wie relativ leicht zu sehen ist, ein unglückliches

Interesse daran, die Welt so zu lassen, wie sie ist, zum äußersten Nachteil für die Welt und für uns. Es wäre besser und wir wären unbeschwerter, wenn wir vergeben könnten. Die folgenden Übungen stellen nicht nur unsere Empfindlichkeit, sondern alles im gewöhnlichen Bewusstsein in Frage, was die Welt ärmer macht. Zum Beispiel werden wir im Kapitel über Sich-Öffnen auseinander setzen, wie die normale Sinneswahrnehmung uns stecken bleiben lässt; sie ist nur *eine* Art, die Dinge zu sehen. Wir werden Methoden darstellen, die normale Wahrnehmung so zu stärken, dass sie uns mehr mit der Ausdruckskraft der Welt in Berührung bringt.

Meistens wünschen die meisten von uns nicht wirklich, dass die Welt um uns herum plötzlich ausdrucksvoller sei. Wir wollen, dass die Dinge ruhig und sicher bleiben, wie wir sie schon immer gekannt haben. Auch wollen wir nicht plötzlich mehr Energie und Kraft haben. Wir klagen ja ganz gern. Keine Sorge! Die hier vorgeschlagenen Übungen werden uns nicht in wilde und unbeherrschbare Regionen der Erfahrung schleudern. Sie sind jedoch darauf angelegt, uns neue Möglichkeiten zu geben. Normalerweise sind wir wie Pianisten, deren Arme beidseits am Körper angebunden sind und die nun nur die vier Töne rechts und links vom mittleren C erreichen und spielen können. Die hier vorgestellten Übungen sollen uns unsere Beweglichkeit wiedergeben und unsere Reichweite vergrößern, sodass uns ein weiterer Bereich von Melodie, Harmonie und sogar Dissonanz verfügbar wird.

Das Vorhaben einer Selbstentwicklung in irgendeiner

Form (Religion, Psychotherapie, «Selbsthilfe») erfordert ein Maß an Kontrolle. Anstatt alles laufen zu lassen, nehmen wir uns selbst in die Hand und tun etwas. Doch die Übungen erfordern auch eine spezielle Art, ihnen Raum zu geben, eine konzentrierte Lockerheit. Für jede Übung und in jedem Moment ist es Aufgabe des Übenden, auf das spezifische Gleichgewicht zwischen Kontrolle und Loslassen zu achten, das zum Wachstum führen wird. In dem alten keltischen Mythos von Tristan und Isolde setzt sich Tristan in ein Boot ohne Ruder und Segel und vertraut sich dem Meer an, es wird ihn auf den richtigen Kurs bringen. Auch wir müssen aktiv unser Boot und unser Meer wählen, aber dann kommt in jeder Übung der Moment, mit dem wir uns der Richtung der göttlichen Strömungen überlassen. Wir finden den Punkt, wo «mein» Tun einschmilzt in das Tun der «Welt», und in diesem Moment wird die Übung gesegnet.

Emerson wusste, dass «die Definition des *Geistigen* sein sollte: *Dasjenige, was seine eigene Evidenz ist*»,[12] und der Stufenweg der Überraschung führt uns in Regionen von selbst-evidenter Klarheit. Wir brauchen keine Bestätigung von außen für unsere Erfahrung, wir sind nicht auf Vermutungen angewiesen, sondern in gewissen begnadeten Augenblicken können wir selbst erkennen. «Da ist eine Tiefe in solchen kurzen Momenten», schrieb Emerson in seinem Essay *Die Überseele*, «welche uns zwingt, ihnen mehr Realität zuzuschreiben als jeder anderen Erfahrung.»[13] Die Schritte auf dem Stufenweg bringen uns zu wachsendem Staunen, aber auch zu steigender Sicherheit. Sie führen uns von der Mystifikation weg und in erkennbare Mysterien hinein. Ich höre manchmal Leute leichthin sagen, dass dieser oder jener Aspekt der Existenz «nicht erkannt werden kann». Aber wie haben sie das *erkannt*? Eine durchgehende Überraschung entlang dem Stufenweg besteht darin, dass die Welt erkennbar, verstehbar ist von den Wurzeln bis zu den kleinsten Zweigen. Wir können einerseits zu einem vertieften Verständnis von diesem oder jenem kommen: zum Beispiel zur heiligen Bedeutung dessen, was ein Stein zu uns «spricht». Andererseits können wir zuzeiten wahrnehmen, dass die Welt nicht nur Stück für Stück erkennbar ist, sondern dass alles zusammen aus einem Stück ist, und die Einheit des Ganzen soll auch von uns verstanden werden.

Es ist möglich, dass ich auf dem Weg, wenn ich es am wenigsten erwarte, mitten in der Konzentration auf etwas anderes, ein Selbst werde – ich erwache. Dies ist die wichtigste Entdeckung von allen. Sie kommt aus der entgegengesetzten Richtung wie die schmeichelhaften Erfahrungen, auf die sich die Selbstachtung angeblich gründet. Sie kommt, wenn wir uns vergessen, wenn wir uns hingeben, wenn wir vollständig aufmerksam sind. Unser normales Selbstempfinden lebt aus der Identifikation mit dem Körper, mit der persönlichen Vergangenheit und mit unseren persönlichen Erfolgen und Verstimmungen. Das Selbst, das in Momenten intensiver Aufmerksamkeit aufleuchtet, braucht keinerlei Stütze. Gerade vermöge dieses unabhängigen Selbstes können wir wirklich teilhaben an unseren Körpern, unserer Vergangenheit und unseren Verhältnissen. Ein altes griechisches Fragment lautet: «Ich bin ein Kind der Erde und des gestirnten Himmels.» Durch das Erwachen des wahren Selbst (das Erwachen, das das wahre Selbst *ist*) können wir unser doppeltes Erbe direkt kennen lernen. Wie der Zen-Meister Dogen schrieb: «Den Buddhaweg studieren heißt das Selbst zu studieren. Das Selbst studieren heißt das Selbst zu vergessen. Das Selbst vergessen heißt, erleuchtet zu sein durch die Zehntausend Dinge»[14] – durch eben das, was oft so unerleuchtet erscheint.

Die Übungen nehmen nur ein paar Minuten täglich in Anspruch. Und doch werden sie sich auch unseren anderen Handlungen mitteilen und sie in heilsamer Weise anstecken. Das geschieht dank der untergründigen, verborgenen Wege der Einheit, nicht aber, wenn wir versuchen, die Übungen über den ganzen Tag auszudehnen. Eine der schönsten Überraschungen auf dem Stufenweg ist, dass schon ein wenig Praxis sich im Ganzen günstig bemerkbar macht. Ihre segensreichen Wirkungen durchdringen uns ohne jede Anstrengung. Wer richtet das so ein? Warum erhalten wir diese unverdiente Belohnung? Auch Emerson staunte über diesen Segen. «Viel Emsigkeit, und plötzlich, wie durch einen Zauber, war der Erfolg da.»[15] Diese Durchlässigkeit unserer Seelen für ein wenig gute Praxis ist der Vorgeschmack eines größeren Ganzen. Sie deutet aus der Ferne auf die potenzielle Einheit von allen Dingen und Zeiten in einem einzigen Punkt.

In meinen Seminaren bringen Teilnehmer Probleme aller Art zur Sprache. *Ich kann nicht aufhören, mir Sorgen zu machen. Ich muss immer schreien. Ich ärgere mich fort-*

während. Wenn wir nur Kinder hätten. Ich habe Albträume. All meine Energie ist hin. Soll ich meinen Mann verlassen? Sie hat mich verletzt. Ich kann mich nicht konzentrieren. Er hat mich verletzt. Ich bin verlassen im Leben. Man respektiert mich nicht mehr. Was soll ich für meine Karriere tun? Ich kann nicht schlafen. Wir trauen einander nicht. Dies sind nur ein paar von den unzähligen unglücklichen Formen, in denen sich das menschliche Extra verfangen kann. Oft gibt es für sie keine einzelne oder einfache Lösung. Aber es ist eine *Wendung* möglich für jedermann, die Wendung vom Erleiden zum Schöpfen. Wenn alle vollkommen hoffnungslos wären und eine solche Wendung für unmöglich hielten, würde niemand in Seminare über Bewusstseinsentwicklung kommen – oder ein Buch aufschlagen.

Wenn ich meinen Patienten und Seminarteilnehmern Übungen von dem Stufenweg der Überraschung vorschlage, dann deshalb, weil ich erfahren habe, dass auf ihm die Kraft entwickelt werden kann, durch die vertracktesten Probleme hindurch zu wachsen. Nur wenige Menschen haben den Willen, diese Stufen zu erklimmen. Denjenigen, die es tun, hilft es *immer.* Es gibt nirgendwo einen Stufenweg, wenn ihn nicht jemand geht. Und nur du selbst kannst anfangen.

1

Das ist Denken: Es findet das Gute
und vergisst sich selbst.

Denken

Sei es nun zu unserem Glück oder zu unserem Unglück: Alles was wir tun, wird von unserem Denken geleitet. Es gibt keinen Weg darum herum. Selbst wenn ich sage: «Ich höre auf zu denken und lasse mich vom Fühlen leiten», ist das ein *Gedanke*. Wie der erste Schritt auf einer Reise, er mag unbemerkt und vergessen sein, aber wir wissen, dass es ihn gegeben haben muss. Wenn wir unsere grundlegenden Fähigkeiten umwandeln wollen, tun wir gut daran, mit der grundlegendsten zu beginnen, mit der, die uns hilft, alle anderen auszuwählen und zu führen.

Wir mögen jede Bezugnahme auf das Denken unromantisch finden, wir mögen unser Denken verdächtigen, begrenzt und kulturell determiniert zu sein, wir mögen beklagen, dass das Denken für das Verständnis der Welt unzureichend sei und unser Verhalten nicht leiten könne. Was wir nicht können, ist: es vermeiden. Jeder von diesen Kritikpunkten ist selbst ein Beispiel von Denken und ist in einem Ozean von Denken zu Hause. Wenn wir die Autorität des Denkens hinterfragen, entgehen wir ihm keineswegs, denn unser Prozess des Zweifelns ist (wiederum) selbst Denken.

Ein Patient kam eines Tages in meine Praxis und schmorte ein paar Minuten im Saft dieses Problems.

«Mein ganzes Bewusstsein ist krank», sagte er.

Als Rechtsanwalt war er für sein Berufsleben auf einen klaren kritischen Verstand angewiesen, und er wusste, dass gerade mit seiner Denkfähigkeit etwas nicht in Ordnung war.

«Ich bin immer verärgert», sagte er, «und ich weiß, es ist deshalb, weil ich fortwährend Leute beurteile. Ich meine, die Leute machen solche dummen Sachen. Aber wenn ich sie kritisiere, werde *ich* krank davon. Ich wünschte, ich käme von meinen Gedanken los und könnte Frieden haben. Wir sind diese Woche aus den Ferien in Florida zurückgekommen, und sie waren in vieler Hinsicht schön, aber selbst wenn ich an einem sonnigen Tag beim Angeln bin und alles gut läuft – wunderbares Wasser, wunderbares Boot, die Fische beißen an –, schwirrt mir der Kopf und eine Sorge jagt die andere. Es war wie bei der Arbeit. Wenn ich aber tatsächlich bei der Arbeit bin, ist da nichts als Zerstreutheit. Sie verstehen, als ich frisch von der Juristen-Schule kam, konnte ich mich auf die Darstellung eines Rechtsfalles oder auf einen Brief oder was auch immer konzentrieren und konnte wirklich in ihn einsteigen. Jetzt ist mein Geist unentwegt damit beschäftigt, zu beurteilen, sich aufzuregen, oder er ist zerstreut, oder von allem ein bisschen. Ich schwöre, es würde besser sein, wenn ich überhaupt für eine Weile mit dem Denken aufhören könnte. Und hier bin ich nun und kritisiere mich selbst zu sehr! Es will überhaupt nicht aufhören.»

Schließlich wurde ihm klar, dass er eigentlich nicht *gar kein* Denken wollte, sondern ein konzentrierteres und lebendigeres Denken. Es war nicht so sehr, dass er seinen Geist «abstellen» wollte. Er wollte, dass sein Geist klar sei. Anstatt sich in Ärger und Aufregung zu verlieren, wollte er sich konzentrieren können. Er fühlte, dass sein Stil des Verstehens sich verhärtet hatte und zersplittert war, während er ihn flexibel und unversehrt benötigte.

Vielleicht braucht unser Denken ebenso wie unser Körper Übung. Wir sorgen uns um unsere physische Gesundheit und geben ein Vermögen aus, um sie zu verbessern, aber legen wir jemals den gleichen Eifer zur Verbesserung unserer Denkfähigkeit an den Tag? Unser Bewusstsein braucht ebenso wie unser Körper eine Kombination von Biegsamkeit und Stärke, Qualitäten, die nicht eher zurückkehren dürften, bis wir etwas tun.

Während es der Rechtsanwalt in ungewöhnlich deutlicher Weise auf den Punkt brachte, klagen viele meiner Patienten einfach über ihre Unfähigkeit, sich zu konzentrieren. Schlechte Konzentration ist ein psychiatrisch anerkanntes Symptom für Depression, Aufmerksamkeits-Defizit-Syndrom, Schizophrenie und viele andere Probleme. Aber auch diejenigen von uns, bei denen derartige Umstände nicht diagnostiziert wurden, mögen fühlen, dass sie ihr Bewusstsein nicht dazu veranlassen können, sich stetig und aufgeschlossen genug mit etwas zu befassen. Es überrascht nicht, dass wir auch keine Antworten auf unsere Fragen finden.

Das meiste, was wir die meiste Zeit denken, ist ein Irrgarten von Zerstreutheit. Es könnte gut wie folgt ablaufen: Ich möchte über die Pläne für ein Sommerlager der Kinder entscheiden, und vor mir liegt ein Faltblatt von einem Lager in einem Hefter auf dem Tisch. Das Sommerlager ist es, woran ich denke. Aber auf dem Weg zum Tisch muss ich am Kühlschrank vorbei und erinnere mich, dass im

Käsefach irgendein guter Käse liegt. So komme ich jetzt nicht am Kühlschrank vorbei. Ich öffne ihn und nehme mir ein Stück Käse. Ich esse den Käse und gieße mir dazu ein Glas Wasser ein. Ich wende mich wieder vom Büfett ab und erinnere mich, dass ich meinen Freund Tom anrufen soll. Das Telefon ist schon in meiner Hand, da erinnere ich mich kurz daran, dass ich irgendetwas mit dem Ferienlager vorhatte, aber ich übergehe das und wähle Toms Nummer. Als das Gespräch beendet ist, muss ich schnellstens zur Arbeit, und die Frage des Sommerlagers ist bis auf ein andermal vergessen.

Dieses Beispiel zeigt, wie eng Denken und Handeln miteinander verflochten sind. Aber zuerst kommt immer das Denken: wenn mein Denken wandert, wird mein Verhalten ebenfalls wandern. Der Kühlschrank ist wie eine Mausefalle, mit Käse bestückt, um die Maus zu fangen. Und es gibt viele andere Arten von Fallen und viele andere Sorten von Käse. Statt durch Essen, könnte ich von den Gedanken an das Sommerlager auch durch eine Serie von Ablenkungen abgebracht werden, die selbst «Gedanken» sind: Ich fange an, an das Sommerlager der Kinder zu denken, dann erinnere ich mich daran, wie schön das Lager war, als ich dort als Kind war; dann, wie ich die Verbindung verloren habe zu diesem Steve im Lager Bucks Rock; dann erinnere ich mich an einen anderen Steve, der Violine spielte; das führt zu dem Bild von meiner Großmutter, wie sie Klavier spielte, und dann ärgere ich mich über unser eigenes verstimmtes Klavier – und so immer weiter, dem Käse nach von Falle zu Falle. Bald habe ich vergessen, was überhaupt das ursprüngliche Thema war. Ich werde meilenweit von einem kreativen Gedanken an das Sommerlager für meine Kinder abgebracht.

Diese Art von sprunghafter Folge, die mich von einer Erinnerung über ein seelisches Bild zu Sorgen und überallhin führt, ist kein Denken. Es ist das, was normalerweise für Denken gehalten wird, tatsächlich aber ein Herumwandern in Assoziationen ist. Die Ansicht, dass das Denken nichts anderes als Assoziieren sei, hat noch keine lange Geschichte – sie datiert etwa aus dem 18. Jahrhundert. Vorher waren die Menschen in der Lage, das Denken von seinen Ersatzprodukten zu unterscheiden.[16] Sogar Freud, der das Denken nicht ganz verstand, wusste genug, um sich über die potenzielle Klarheit unseres Bewusstseins und unserer Kreativität zu wundern; er gestand ein, dass die Psychoanalyse nicht die Macht hatte, den tiefsten Grund der Kreativität und des Verstehens zu analysieren.[17]

Denken, gleich ob klar oder wirr, ist nicht irgendeine Zutat zu unserer Realität wie ein geistiger Petersilienstängel zum Hauptgericht. Es ist dasjenige, was den Gehalt der Welt für uns ausmacht. Wir alle wissen das in allgemeiner Form, und die meisten können zugestehen, dass sie gewöhnlich in einer engen Zone von mentalen Gewohnheiten leben. Aber die Rolle des Denkens ist grundlegender und durchdringender, als wir gemeinhin bemerken. Was wir im normalen Bewusstsein «Realität» nennen – sogar das stoffliche Material der uns umgebenden Welt –, ist selbst nur aus unseren eigenen vergangenen Gedanken gemacht. Ich möchte das erläutern.

Wenn wir ein Auto, eine Eiche oder eine Wolke sehen, sehen wir sie entsprechend den Gedanken, die wir selbst und unsere gesamte Gesellschaft bereits darüber gedacht haben. In anderen Kulturen, die von anderen Gedanken bestimmt werden, werden sie anders gesehen. Die Erwachsenen bringen sie ihren Kindern durch die Sprache bei. Die Kinder lernen diese mit der Sprache gegebenen Begriffe und sehen die Welt demgemäß. Es gibt keine andere Realität für uns als diese von uns erworbenen Begriffe oder solche, die wir im aktuellen Vorgang des Wahrnehmens erwerben.

Jemand, der niemals den Begriff des Schreibens kennen gelernt hat, wird eine beschriebene Seite als ein Stück Papier mit schwarzen Zeichen darauf sehen. Wir wissen, dass archaische Kulturen die Welt anders sehen. Sie leben in einer Realität, die der unseren weitgehend fremd ist, gestaltet durch Gedanken, die wir nur vage übersetzen können, wenn wir sie in unsere Standardannahme von einer physischen Welt «da draußen» und dem Geist der Menschen, die sie beobachten, einzupassen versuchen. Eine Analyse der Homerischen Texte hat gezeigt, dass die antiken Griechen die Farben anders verstanden und sie deshalb auch anders *gesehen* haben.[18]

Wenn wir uns auf diese Sichtweise ernsthaft einlassen – in der Anthropologie gibt es eine Fülle von Beispielen, die sie bestätigen –, beginnen wir zu verstehen, dass es für uns keine Welt außerhalb unseres Denkens (oder unserer vergangenen Gedanken) über die Welt gibt. Schon unser Sehen, unser Hören, unser Tasten und so weiter – die Kategorien, mittels derer wir festmachen, was für uns real ist – sind durchsetzt mit den Begriffen, die unserer Kultur, Sprache und persönlichen Vergangenheit eigentümlich sind. Wir werden dies unter dem Gesichtspunkt der meditativen Wahrnehmung im Kapitel «Sich öffnen» betrachten, aber einstweilen ist das wesentliche Merkmal der Wahrnehmung ihre begriffliche Natur: Wir können nur das sehen, was wir denken können.

Die kleinen Kinder kommen ohne die fixierten Gedanken einer gegebenen Kultur an, sind aber auf Verstehen hin orientiert. In den ersten paar Jahren erreichen sie das, was Erwachsene niemals erreichen: das Erwerben einer Sprache, inklusive Grammatik und perfekter Aussprache, ohne eine andere erste Sprache zu benötigen, um alles daraus zu übersetzen oder als Verständnisgrundlage zu benutzen. Erwachsene lernen eine neue Sprache im Schweiße ihres Angesichts und finden sich in ihr anhand der Ausdrücke ihrer Muttersprache zurecht. Aber Kinder lernen nicht zuerst denken (wie sollten sie das auch?) und anschließend ihre Muttersprache. Sondern sie nehmen Bedeutung und Sprache in einem Griff, als eine zusammenhängende Einheit aus ihrer menschlichen Umgebung auf. Zum Beispiel erklären wir niemals einem Kind, was ein Wort wie «aber» bedeutet – wir könnten es auch gar nicht. Und doch lernt das Kind das Wort «aber» fehlerfrei auszusprechen und anzuwenden, ohne es erst in etwas zu zerpflücken, was wir Gedanken nennen. Dieser «Wille zum Wortverstehen» (wie es ein heutiger Nietzsche vielleicht sagen würde) ist das größte Wunder und äußerst vielversprechend für unseren Einblick in die menschliche Natur.

Die – von Kinderpsychologie und Linguistik nahezu igno- rierte – gute Nachricht ist: Die Menschen stehen dieser Welt nicht neutral gegenüber, sondern werden von Worthaftem vom Ursprung her angerührt, sind eingestimmt auf die Melodien der Signifikanz. Immerhin haben Linguisten wie Noam Chomsky bereits erkannt, dass wir einen angeborenen Antrieb zu Sprache und Wortbedeutung hin haben.[19] Wäre das nicht so, dann würden Kinder niemals so aufmerksam die Sprache aus den anderen Geräuschen heraushören und den Bedeutungsgehalt der Wörter so genau verstehen können. Sie sind schon bei ihrem Auf-die-Welt-Kommen auf Denken, auf Verstehen gestimmt. Sie gehen davon aus, dass es überall um sie herum vorhanden ist und nehmen tatsächlich wahr, welche Bedeutungen in den Seelen ihrer menschlichen Umgebung dem fühlenden Verstehen zugänglich sind. Sie reichen mit ihrer ungeteilten Aufmerksamkeit bis hinter die Geräusche, die wir mit dem Mund machen, und verstehen intuitiv die Bedeutungen hinter den Worten. Sie haben volles Vertrauen, dass die Welt verständlich, dass die Welt gut ist. Das ist die Sicherheit, die wir in den Augen der ganz Kleinen sehen – und sie inspiriert und beschämt uns gleichzeitig.

Sie beschämt uns, weil wir selbst so weit davon entfernt sind. Die tiefe Versunkenheit, die für wirkliches Denken notwendig ist, hat eine moralische Qualität. Alles, was in uns selbstorientiert, gefallen und egoistisch ist, bringt uns in Divergenz zu dem freien, wahren Verlauf des Denkens in seiner Klarheit. Anstatt in der Musik aufzugehen, die wir bei einem Konzert spielen, machen wir uns Sorgen, wie es beim Publikum ankommt: das ist Lampenfieber, und es ist ein Abgleiten in die Selbstbezogenheit. Gute Musiklehrer betonen immer, dass das Heilmittel gegen Lampenfieber darin besteht, sich beim Spielen vollständig in das Stück einzuleben, auch wenn uns das unter Umständen schwer fällt. T.E. Lawrence schrieb: «Freude ist Vertieftsein.» Ich würde hinzufügen: Wenn wir *nicht* vertieft sind, fallen wir tendenziell aus der Freude heraus.

Um Sinn aufzunehmen, richten Kinder ihr ganzes Sein auf alles Ausdrucksvolle. Alles, was sie ansehen, alles, was ihnen etwas bedeuten könnte, fasziniert sie restlos. Man braucht nur eine Gruppe von Kindern zu beobachten, wie sie mit offenen Augen und Mündern einem gut erzählten Märchen lauschen. Sie sind buchstäblich im Himmel und nichts lenkt sie ab. Neulich sah ich im Restaurant ein acht Monate altes Mädchen auf dem Schoß seiner Mutter, das vom Gitarrenspiel des Hausmusikers ganz gefesselt war. Als der Kellner daneben ein Tablett absetzte, wandten sich alle Erwachsenen dem Geklapper des Geschirrs zu, aber das Mädchen konnte von der Verzauberung durch die Musik nicht abgebracht werden. Die Aufmerksamkeit eines Kindes ist so umfassend, dass es nicht nur in der Lage ist, alles Nebensächliche außer Acht zu lassen, sondern auch nach ein paar hundert gehörten Sätzen die gesamte Grammatik einer Sprache aufzunehmen und sie seiner Seele einzuverleiben.

Wenn wir das Alter der Vernunft (oder zumindest das der finanziellen Sorgen) erreichen, ist unser Bewusstsein bereits in das zerfallen, was die Chinesen «die Welt der zehntausend Dinge» nennen. Gleichzeitig beginnen wir alle Hoffnung aufzugeben, die Welt je zu verstehen. Zusammen mit unserer Fähigkeit zur ungeteilten Aufmerksamkeit verlieren wir das uns ursprünglich in der Kindheit gegebene Eingestimmtsein auf Sinn. Je weniger wir uns auf die Welt konzentrieren können, desto weniger empfangen wir ihre Bedeutung – wie müde gewordene Leser, die noch die Worte sehen von einem Text, den sie schon nicht mehr verstehen. Wie Pascal sagte: «Alles Übel rührt daher, dass wir unfähig sind, allein in einem stillen Raum zu sitzen.»[20] Wir hasten ruhelos durch eine sinnlose Welt.

Als praktizierender Psychologe sehe ich viel Leid. Je nachdem, welche Theorie man in der Psychologie vertritt, würde man zu der Aussage tendieren, dass das Leiden ursächlich auf Missstände bei den Eltern, Traumata in der frühen Kindheit, Persönlichkeitsstörungen, erlernte Verhaltensweisen, Funktionsstörungen im Erkenntnisvermögen oder das Karma zurückzuführen ist. Letztlich scheint mir oft, dass die größten Leiden vom *Nichtverstehen* kommen, an dem wir alle kränkeln. Am stärksten ist der Kummer, dass man nicht versteht, wozu das Leben da ist.

Eine Alkoholikerin, die gerade erst ihren Mann verloren hatte, fragte mich am Sterbebett ihres einzigen, Aids-kranken Sohnes: «Warum ist *das* mein Leben? Warum geschieht mir das alles?» Ihr Schmerz war nicht der Schmerz der äußersten Verzweiflung. Wenn sie wirklich keinerlei Erwartungen mehr an die Welt gehabt hätte, hätte sie deren Sinnlosigkeit nicht gestört. Nein, solche Ereignisse bringen Leiden eben deshalb, weil wir unter der Oberfläche unserer

Verzweiflung und sogar Gleichgültigkeit wissen, dass wir verstehen und einen Sinn geben *könnten*. «Wir sind uns sicher, dass das menschliche Leben mies ist», schreibt Emerson, «aber wie haben wir herausgefunden, dass es mies ist? Was ist der Grund für dieses Unbehagen, diese alte Unzufriedenheit von uns? Was ist das universelle Empfinden von Mangel und Nichtwissen anderes als eine feine versteckte Andeutung, mit der die Seele ihren enormen Anspruch kundtut.»[21]

Sicherlich gibt es keine feststehende Formel, die dieser trauernden Mutter viel bedeuten könnte. Wenn etwas ihre Sehnsucht nach Sinn zufrieden stellen könnte, dann kein toter Gedanke, sondern nur eine Intuition, die für *sie* eine Intuition wäre. Emerson, der seinen Teil an persönlichen Tragödien hatte, kannte auch dieses Problem.

«Denken ist das Manna, das nicht aufbewahrt werden kann», schrieb Emerson und meinte damit das spezielle Brot, das Gott den Juden auf ihrer vierzigjährigen Wanderung durch die Wüste Sinai gab.[22] Sie durften von dieser frischen weißen Masse jeden Morgen essen, wo sie sie fanden, aber nicht das Geringste für die Zukunft aufheben. Als sie es versuchten, verweste das Manna und wurde von Würmern befallen (2. Mose 16,12-20). Das Denken selbst ist ein Manna mit magischer Nährkraft, jedoch nur im Augenblick seiner Hervorbringung. Eine Nanosekunde später ist das Verstehen entflohen. Es stirbt in die Worte hinein, mit denen wir es formulieren und die es nicht halten können. «Verstehen kommt mitten im Satz», schrieb Bodhidharma, der Weise aus dem sechsten Jahrhundert, «wozu braucht man Lehren?»[23] Unser Hunger nach Sinn, selbst angesichts von Lebenstragödien, wird nicht durch eine Art von vermeintlichem Denken gestillt, das wir zu Recht als kalt, tot und lebensfremd ablehnen. Es muss das Denken selbst sein: eine Gegenwärtigkeit, die nicht aufbewahrt werden kann, deren Unmittelbarkeit aber jede Frage beantworten kann.

An einer Stelle im *Hamlet* von Shakespeare beobachtet der junge Hamlet seinen bösen Onkel Claudius beim Beten. Er beschließt, Claudius jetzt noch nicht zu töten (um so den Tod seines Vaters zu rächen), gerade deshalb, weil Claudius mit dem Göttlichen Zwiesprache hält. Hamlet will warten und ihn später töten, wenn seine Sünden auf ihm lasten «in seines Betts blutschänderischen Freuden» – um ihn so sicherer zur Hölle zu schicken.[24] Was wir auch über Hamlets Rachsucht denken mögen, er täuscht sich ziemlich über das Gebet von Claudius. Durch die Art, wie er es flüstert, wird seine Seele nicht wirklich gereinigt, und weil er sein Gebet nicht mit seinem ganzen Selbst *denken* kann, ist auch sein Gewissen nicht rein. Es ist stattdessen eine Art «Denken», das in seinem verbalen Ausdruck schon gestorben ist. Es sind *nur* Worte, eine Art mentale Spreu. Er beklagt sich selbst: «Die Worte fliegen auf, der Sinn hat keine Schwingen: Wort ohne Sinn kann nicht zum Himmel dringen.»[25]

Im Gegensatz zu unserem relativ abgestorbenen Bewusstsein in Worten ist das aktuelle Denken lebendig. Wie die Kinder vertrauen auch wir vollkommen darauf, dass dieses unentbehrliche Denken unfehlbar ist. Wie die

Kinder bezweifeln wir es im Grunde nicht (und können es auch nicht bezweifeln). Es ist das Denken, das den Worten vorangeht, das Denken, das vor den Bildern kommt und sie wachsen lässt, die *Quelle* von dem, was wir normalerweise Denken nennen – genau das ist es, was ich hier unter *denken* verstehe. Es ist die Quelle von allen unseren Intuitionen.

Als Erwachsene sind wir dazu verurteilt, unsere Bewusstseinsschulung am entgegengesetzten Ende des Prozesses zu beginnen wie die Israeliten. Anstatt mit dem reinen Manna des Denkens, müssen wir mit dem Denken in seiner normalen, zerfallenen Form beginnen. Es genügt nicht, dass wir die Absicht erklären, den Weg in eine vorgestellte Klarheit und Flüssigkeit des Denkens zu gehen. Wir können nur aus dem Hier und Heute starten. Wir beginnen mit Yeats «wo alle Stufenleitern beginnen/ in der muffigen Lumpensammlung des Herzens».[26] Das heißt, wir beginnen mit dem gefallenen Denken, mit Zerstreutheit, Vorurteilen und dergleichen, und ringen um unseren Weg zurück zu dem Denken in seiner durchsichtigen Formfreiheit (unser Ringen wird am wirksamsten sein, wenn wir dabei nicht verzweifelt kämpfen).

Denn zu dem Wunder, das die Kinder vollbringen, haben wir immer noch Zugang. Gerade so, wie ein Kind ursprünglich jede Sprache ohne Anstrengung lernen kann, sind wir in unseren gesünderen Momenten offen für Einsichten aller Art. Wir können etwas Neues lernen und alle Probleme lösen. Das Denken selbst, das ziemlich dicht unter dem Durcheinander unserer mentalen Gewohnheiten dahinströmt, besitzt keine fixierten Formen. Es wird durch nichts gefangen gesetzt. Wenn wir diese schöpferische Klarheit an den Wurzeln des Denkens finden, können wir seine Überlegenheit über jeden gegebenen Gedanken erfahren, denn es bringt die Gedanken hervor. Unser Denken verliert seinen trockenen, abstrakten Charakter und beginnt, uns mit neuem Leben zu bescheinen. Emerson: «Shakespeare führt uns zu einer so edlen Spannung von intelligenter Aktivität, als wollte er einen Reichtum vorschlagen, der seinen Besitz ruiniert.»[27] Wir fühlen, wir sind an der ertragreichen, fruchtbaren Quelle.

Das Denken selbst geht unbewusst vor sich, und dasjenige, was normalerweise ins Bewusstsein tritt, ist das schon Gedachte, das Ergebnis dieses verborgenen Prozesses. Wir sind nicht wach in dem eigentlichen Moment des Verstehens. Wir verschlafen die eigentliche Handlung und sehen, wach geworden, ihr Resultat. Stets kommen wir einen Moment zu spät auf dem Schauplatz des Bewusstseins an.

Das ist leicht einzusehen. Denken Sie an eine Farbe. Am besten gleich.

Nun? Eine Farbe kam gerade zu Ihnen. Sie stellte sich ein, wie vorher ausgewählt. Sie waren nicht wach in dem Moment des Wählens, in dem Moment des Abwägens, *welche* Farbe herausgegriffen wird. (Oder im Falle einer Wahl zwischen zweien haben Sie den Moment nicht bemerkt, als die zwei in Ihnen aufkamen, unter denen Sie wählen.) Fertige Begriffe werden bewusst, die Ergebnisse eines unsichtbaren Vorgangs.

Jeder Gedanke ist so geartet. Wenn wir ihn gewahren und ihn beobachten können, ist er *schon gedacht*. Wenn das klar wird, ergibt sich sofort eine einfache und zugleich schwierige Frage: Wo ist die lebendige Quelle selbst? Wo sind Denken, Verstehen und Wahlmöglichkeit, *bevor* sie in das normale Bewusstsein hinein sterben? Denn das ist das Denken, das frei von Ablenkungen ist, sogar frei von der Ablenkung, schon einmal gedacht worden zu sein, und das ist das Denken, das uns wieder mit der Welt verbinden könnte, von der wir uns so abgetrennt fühlen.

Wir beginnen den Aufstieg auf unserem Stufenweg der Überraschung immer mit der Übung der *Intensivierung*. Sofort wenn wir uns entscheiden, ihn so zu gehen, können wir ein Thema wählen, über das wir nachdenken wollen, und beginnen dann, es langsamer, klarer, tiefer zu denken, als wir das im normalen Wachbewusstsein tun. Anstatt ein möglichst schnelles praktisches Resultat damit zu bezwecken, können wir das Denken um seiner selbst willen wie eine Kunstausübung betreiben: eine Art von Spiel. Auf diese Weise können wir in unseren eigenen Seelentätigkeiten vollständig anwesend sein. Mit dem Tun kommen wir dazu, weniger in den Produkten des Denkens zu leben und mehr in seinem Prozess. Wir beginnen im Licht zu leben und weniger in dem, das von ihm geprägt wird.

Um das Denken an seiner Quelle zu entdecken, ist es hilfreich, mit einem einzelnen Thema zu beginnen und ausschließlich dieses zu denken zu versuchen. Das wird uns zeigen, wie stark (oder schwach) unsere Konzentration geworden ist.

Ablenkungen vom Denken sind faszinierende Lügner. Sie geben sich selbst nicht im Geringsten als Ablenkungen zu erkennen. Sie schleichen sich als Wölfe im Schafspelz in das Bewusstsein, getarnt als unsere höchst eigenen Gedanken. Wir versuchen, uns auf einen Satz aus der Bibel oder den Sutras zu konzentrieren, und finden uns bald bei der Frage nach dem Mittagessen wieder. Oder wir werden abgelenkt durch ein lautes Geräusch, durch etwas sehr Bedauerliches oder einen körperlichen Schmerz. Es gibt keinen Moment, wo jemand aus freien Stücken sagt: Ich will von «Gott ist die Liebe» eine Pause machen und ein bisschen meinen Groll hätscheln. Sondern Groll, Gedanken an das Mittagessen oder an etwas, was ich heute noch tun muss, schleichen sich als «meine» Gedanken ein und locken mich vom gewählten Thema weg.

Früher oder später kann es sein, dass ich aus meiner Zerstreutheit erwache und feststelle: «Hoppla! Was ist los? Warum denke ich ans Mittagessen? Womit hatte ich mich beschäftigt? O ja: ‹Gott ist die Liebe.›» Wieder erwacht, habe ich nun die Wahl. Ich kann zum ursprünglichen Thema zurückkehren oder ich kann zu irgendetwas anderem übergehen.

Das läuft auf einen viergliedrigen Vorgang hinaus: sich konzentrieren, Ablenkung, aufwachen und sich erneut konzentrieren. Dies ist die Struktur der normalen, fehlerbehafteten Aufmerksamkeit. Mit zunehmender Übungspraxis kann sie diese Schritte anders durchlaufen und daher näher beim Thema bleiben. Praxis vertieft den Prozess in jeder Phase: Ich kann länger beim Thema bleiben, ohne abzuschweifen. Ich kann schneller aus dem Abschweifen erwachen. Ich kann mich rückhaltloser erneut konzentrieren. Sämtliche Bewusstseinsübungen, nicht allein beim Denken, hängen davon ab, dass wir kontinuierlich unser Verhältnis zu Ablenkungen besser handhaben.

Verschiedene Einsichten tauchen auf, wenn man versucht, regelmäßig wenigstens einige Minuten lang an ein einfaches Thema zu denken – mag es eine Gabel, ein biblisches Thema oder ein Ereignis im Leben sein. Zunächst einmal bemerken wir, dass unsere Ablenkungen niemals kreativ sind. Sie handeln alle in der einen oder anderen Weise von «mir» – von dem, was ich schon vorher wollte und fürchtete. Sie stoßen niemals in Neuland vor.

Auf der anderen Seite wird mein Denken umso kreativer, je unbeschwerter ich mich konzentrieren kann – es fühlt sich frischer und lebendiger an, und Intuitionen (das heißt Einsichten dicht an ihrer Quelle) kommen häufiger. Konzentration ist wirklich Improvisation. Wenn ich wahrhaftig in mein Thema vertieft bin, denke ich nicht das Gleiche darüber wie am vorigen Tag – oder, falls doch, bemerke ich es nicht. Alle Erinnerungen an das, was ich schon einmal gedacht habe, ebenso wie geläufige Ideen über das Thema aus anderen Quellen, sind nichts als Ablenkungen. Das Thema selbst erweist sich als lebendig und wandelt sich vom einen Augenblick zum nächsten, wenn ich es halten kann.

Bei einer bestimmten Intensität des Denkens wird klar, dass meine Gedanken etwas von mir Produziertes sind und zugleich etwas, das bereits «da» ist. Einerseits muss ich denken, wenn überhaupt ein Denken da sein soll, es ist mein eigenes Tun. Andererseits scheint es so, dass meine einfache Orientierung zum Thema hin Ideen hervorbringt, die ich nicht erzeugt habe: sie kommen von irgendwo her.

Die Praxis des Denkens

Wir konzentrieren uns auf einen von Menschen geschaffenen Gegenstand. Es könnte eine Gabel, ein Löffel oder ein Salzstreuer sein: etwas Einfaches und gut Verständliches – kein kompliziertes Gerät. Wir setzen uns so hin, dass wir so wach wie möglich sein können, und wenden einfach unsere Aufmerksamkeit dem Gegenstand zu. Wir beginnen, uns für ihn zu interessieren. Wir denken über ihn in Worten oder in Bildern nach beziehungsweise abwechselnd – einen Tag mehr in Bildern, am nächsten Tag mehr in Worten.

Möglicherweise bemerken wir, dass unser Denken hastig ist. Das heißt, man kommt mit dem Thema schnell zu Ende und braucht dann mehr Stoff zum Denken. Wenn das Denken intensiver wird, wird es auch langsamer. Und schließlich erlebt man, dass man bei einem offensichtlich simplen Thema verweilen kann, ohne dass ein Gefühl von Hast aufkommt oder der Eindruck, «schon fertig zu sein». Das geht besser, wenn man in Bildern statt in Worten denkt. Die Übung ist dann keine Hausaufgabe mehr, sondern wird leicht, macht Freude. Ablenkungen kommen seltener, sie führen uns weniger weit vom Thema ab, und man wacht von ihnen schneller wieder auf.

Wir wechseln den Gegenstand nicht, sondern bleiben viele Tage lang beim gleichen (man kann ihn mit Gewinn auch jahrelang oder jahrzehntelang beibehalten). Wenn man es bei der vierhundertsten Wiederholung, dieser Übung schafft, sich zehn Minuten lang durchgehend auf eine Gabel zu konzentrieren, ohne sich zu langweilen oder abzuschweifen, hat man eine starke Aufmerksamkeit im Denken entwickelt. Schon vorher wird man bemerken, dass man auch bei anderen Gelegenheiten, weit abseits von der Übung, mit mehr Erfolg beim Thema bleiben kann – zum Beispiel beim Gespräch oder bei einem Arbeitsproblem, das zu lösen ist.

Ein nützlicher Trick beim Konzentrieren auf das gedankliche Bild eines von Menschen geschaffenen Gegenstandes besteht darin, es in Gedanken anzusprechen: «Wie siehst du aus?», «Geh nicht weg!» und dergleichen. Das macht unseren Willen «sanft» und orientiert ihn zum Fühlen hin, statt zur Objektivierung des Gegenstandes.

Vieles spricht dafür, einen von Menschen geschaffenen Gegenstand als Thema der Konzentrationsübung zu nehmen. Dazu gehört die Tatsache, dass er zunächst einmal uninteressant ist, sodass intensive Konzentration erforderlich ist, um überhaupt eine Zeit lang bei ihm zu verweilen. Wir entdecken, eventuell mit Schrecken, wie schwach unsere Konzentration ist. Doch *alles*, worauf wir willentlich den inneren Blick richten, wird uns helfen, unsere Aufmerksamkeit zu betätigen. Wie Simone Weil in ihrem glänzenden Essay *Betrachtungen über den rechten Gebrauch des Schulunterrichts und des Studiums im Hinblick auf die Gottesliebe* schrieb: «Selbst wenn die Anstrengungen der Aufmerksamkeit durch Jahre hindurch scheinbar fruchtlos bleiben sollten, so wird eines Tages doch ein dem Grade dieser Anstrengungen genau entsprechendes Licht die Seele überfluten. Jede Anstrengung fügt ein Körnchen

Gold zu einem Schatz, den nichts auf der Welt uns rauben kann.»[28]

Wenn uns eine Ablenkung vom Thema abgebracht hat, werden wir (wie oben besprochen) an einem gewissen Punkt wach und bemerken die Ablenkung. Wir fragen uns: «Wie bin ich hierher gekommen?,» und wir finden uns irgendwo zwischen Sommerlager und dem Stimmen des Klaviers wieder. Es ist dann hilfreich, zum gewählten Thema zurückzukehren, und zwar jetzt absichtlich auf dem gleichen Weg zurück, den die unbeabsichtigten Assoziationen genommen haben, als sie uns abgelenkt haben. Durch dieses Vorgehen geschieht etwas Ungewöhnliches. Wir entdecken, dass wir anwesend waren, während die Assoziationen wie ein Traum abgelaufen sind. Ein verborgener Zeuge war doch wach, als wir schliefen. Anfänglich fühlen wir diesen verborgenen Zeugen nur in solchen Momenten des Rückblickens auf Ablenkungen. Im weiteren Verlauf des Übens wird er sich selbst gewahr, wenn er als das ICH BIN oder das wahre Selbst – das Erwachen – in Erscheinung treten kann.

Das Üben mit einem von Menschen geschaffenen Gegenstand bringt nach und nach ans Licht, *wie* wir denken – es enthüllt die Form des Denkens beziehungsweise seinen vorherrschenden Stil, der dem Bewusstsein normalerweise verborgen bleibt und nur in seinen Resultaten greifbar wird. Steiner sagte, dass unser normales Denken, in dem wir erst einen Gedanken, dann jeweils den nächsten nacheinander bemerken, mit einer Person zu vergleichen ist, die sich von Leichnamen umgeben sieht. Sie alle müssen einmal lebendige Wesen gewesen sein.[29] Bei intensiver Konzentration begegnen wir diesen «Leuten» vor ihrem Tod: Wir entdecken das Denken als lebendigen Vorgang. Wir sehen sogar, wie das Sterben vor sich geht. Das heißt, wir können die Verwandlung betrachten, die kontinuierlich vom lebendigen Denkprozess zu toten, einzelnen «normalen» Gedanken wiederholt wird.

Der Gegenstand, auf den wir uns konzentrieren, ist nur dem Anschein nach ein Ding, ein physisches Objekt. Die Konzentration zeigt uns, dass er letztlich eine Idee ist (die Idee von der Funktion, die der Gegenstand erfüllen sollte), die hinter allen Ausprägungen und gedanklichen Bildern von diesem Gegenstand steht. Normalerweise verstehen wir diese Idee aus unserer praktischen Erfahrung. Wir wissen immer schon, was zum Beispiel als Gabel fungiert, so verschieden sie auch aussehen mag, und doch haben wir sie im Bewusstsein unter normalen Umständen niemals rein vor uns. In der Konzentration können wir diesen Quellpunkt erreichen. Während wir anfangs nur eine Idee *haben*, *werden* wir nach und nach die Idee. Solch eine Übung bereitet uns darauf vor, von jedem Phänomen seine Innenseite, seine Bedeutungsseite zu finden.

Die weitere Praxis im Denken bewegt sich über die *Konzentration* hinaus zur *Meditation*. Während wir uns in der Konzentration mit einem Thema beschäftigen, das wir schon kennen, stellt uns die Meditation vor Themen, die wir nicht kennen, sondern finden müssen – und der Vorgang, solche Themen zu entdecken, hat keinen Endpunkt. Eine Form der Medititation, die in vielen Traditionen benutzt worden ist, besteht darin, einen Abschnitt aus einem heiligen Text – der Bibel, der Bhagavadgita, den Reden Buddhas – herauszugreifen und sich in der Konzentration primär von der Idee leiten zu lassen, die diesen Abschnitt durchzieht. Wir können das Thema nehmen: «Der Baum der Ewigkeit hat seine Wurzeln im Himmel, und seine Zweige reichen bis zur Erde.»[30] Man denkt darüber nach und zieht alle Kraft der Aufmerksamkeit für den Text heran. Dies wird vielleicht auch andere Dinge, die man darüber gehört hat, umfassen, sowie alles, was man über den Autor oder den Kontext der Stelle weiß. Das Denken kreist das Thema dichter und dichter ein. Während das geschieht, verwandelt sich das Thema.

In dieser Übung sind es ebenfalls Worte und Bilder, mit denen man beginnt. Sie artikulieren unsere Orientierung auf das Thema. Doch wiederholen wir nicht einfach die Worte des Satzes wieder und wieder: eine solche Wiederholung macht in der Regel das Thema ärmer anstatt reicher an Bedeutung. Sondern wie bei dem von Menschen geschaffenen Gegenstand beginnt man im Nachsinnen über das Thema zu fühlen, dass alle Ideen darüber, die, gekleidet in Worte und Bilder, in unserem Bewusstsein auftauchen, irgendwoher *kommen*.

Wenn das Denken an Stärke zunimmt, beginnen diese Ideen mit fühlbar größerer Autorität in das Bewusstsein einzutreten. Sie bedeuten mehr. Sie beginnen auf uns überreichlich herabzuregnen. Wenn das Interesse steigt, verschwindet alles andere. Nur das Thema lebt. Das Gefühl der Realität, das wir normalerweise nur unserem eigenen

Körper und dem Leben verleihen, überträgt sich auf das Thema. Man fühlt mit einer Art inneren Erstaunens: *Das ist real, das ist wahr.* Man verliert alle Sorge, ob die Übung gelingt oder misslingt, man vergisst, ob man in Worten denkt oder nicht, weil nur das Thema existiert. Der Abstand verschwindet und man wird die eigentliche Quelle des Themas, das keine Grenze hat.

An diesem Punkt ist uns jegliches Verstehen zugänglich.

2

Wir können es lernen, wenigstens von Zeit zu Zeit mit der gleichen Unangestrengtheit zu handeln, mit der wir Worte in unserer Muttersprache äußern.

Handeln

Vor langer Zeit beklagte sich der Apostel Paulus bitter über seine Unfähigkeit zu tun, was er wirklich wollte. Er brachte das so einfach wie möglich auf den Punkt: «Das Gute, das ich will, tue ich nicht, aber das Böse, das ich nicht will, tue ich» (Röm. 7, 9). Zweitausend Jahre später ist fast jeder, den ich kenne, in den gleichen Banden gefangen.

Ob es eine Diät ist, die wir nicht durchhalten, eine Gewohnheit, an der wir nicht rütteln, oder eine Arbeitsstelle, nach der wir uns nicht umtun, anscheinend erleben wir überall ein Fiasko. Wir sind unstet – aber nicht aus einer liebenswerten Spontaneität heraus. Für die meisten von uns wäre es erstaunlicher, wenn sie in ihren Handlungen standfest und stetig anstatt neu und unstet wären. Oder anders gesagt, im Worthalten besteht der neue und andere Stil, den wir für die meisten unserer Handlungen benötigen.

In meiner psychotherapeutischen Praxis sehe ich viele Formen dieser Unbeständigkeit. Ein Patient fühlt sich matt gesetzt durch seinen überkritischen Chef und verleumderische Kollegen, er möchte gehen und könnte bald gefeuert werden, aber er bringt es offenbar nicht fertig, sich nach einer neuen Arbeit umzusehen. Es ist, als ob das Telefon tausend Pfund wiegen würde, er wird einfach nicht anrufen, wo er anrufen müsste. Eine andere Patientin, eine allein erziehende Mutter, kann es nicht lassen, ihr Kind für zu viele Fächer und Kurse einzuschreiben; sie weiß, dass sie ihren Sohn überfordert, aber sie ertappt sich dabei, wie sie ihn dazu anhält, mehr und mehr zu erreichen, bis zur Erschöpfung. Ein anderer Patient ist immer launisch und entfremdet sich seinen Freunden, seiner Frau, seinen Kindern und seinen Angestellten. Wenn er «rot sieht», ist er anscheinend im weiteren Verlauf nicht in der Lage, den Strom von unpassenden Äußerungen und heftigen Gesten zu bremsen. Es sind Menschen mit Einsicht und oft sehr starke Menschen – und doch haben sie dieses Problem. Ihnen fehlt es nicht an Willenskraft. Ihnen fehlt etwas, das uns allen fehlt: die Fähigkeit, nach unseren besten Intuitionen zu leben und zu *handeln*.

Eine junge Frau kam in jede Sprechstunde, um sich über ihren Freund zu beklagen, und sie hatte wahrhaftig Gründe dazu. In der einen Woche bekam ich zu hören, dass er zu Hause unordentlich sei. In der nächsten Woche nahm er «zu viel» Kokain. Er bemühte sich nicht um Arbeit. Er schlug sie. Er fing an, mit Kokain zu handeln. Er traf sich mit anderen Frauen. Aber wenn ich laut die Frage nach der Eignung ihres Freundes für eine spätere Heirat stellte, war meine Klientin schon weiter. «Ja ich weiß», sagte sie, «ich sollte ihn verlassen. Lieber gestern als heute. Ich hasse ihn. Anscheinend kann ich trotzdem nicht zur Tür hinaus.»

Wir verbrachten einige Monate damit, an einem Lieblingsknochen der Psychotherapeuten herumzunagen: der Vergangenheit. Wie war das mit dem Vater, der sie missbraucht hat? War sie dabei, unbewussten Abhängigkeitszwängen nachzugehen? Eines Tages erzählte sie eine Geschichte aus ihrer Kindheit, und ich hörte aufmerksam zu, als sie sich selbst unterbrach mit einer Erkenntnis, die ihre Sicht auf das Problem vollständig änderte. «Wissen Sie was?», sagte sie. «Es ist nicht meine Vergangenheit. Ich bin's selbst. Wenn ich ihn jemals verlassen will, muss ich es tun.» Sie hatte für sich selbst das Gegenmittel für das Problem des heiligen Paulus gefunden.

Es gibt Zeiten, wo es hilfreich und richtig ist, die Vergangenheit zu untersuchen. Als kleine Kinder saugen wir unsere Umgebung in tiefen Zügen auf und verbringen dann als Erwachsene viel Zeit, sie wieder auszuspucken. «Gib mir ein Kind vor dem Alter von sieben Jahren», brüsten sich Jesuiten, «und ich werde dir einen Katholiken fürs Leben geben.» Unsere frühe Umgebung erzieht uns hinsichtlich unserer Art, mit anderen in Kontakt zu treten, unseres Seins und Handelns in Bahnen, die später anscheinend völlig natürlich herauskommen. Und wenn diese Bahnen krumm sind, hinken wir möglicherweise lebenslang. Kinder reagieren unterschiedlich sowohl auf ein Trauma als auch auf Segen in der Kindheit, aber die Vergangenheit ist von Belang.

Jedoch, wenn *alles* in uns von der Vergangenheit bestimmt wäre, könnten wir jedes Vorhaben einer Selbstentwicklung aufgeben – jedes Vorhaben überhaupt. Dann wären wir vollständig mit Vergangenheit vollgeschüttet und es gäbe keinen Raum in uns für etwas oder jemanden, die etwas über die Vergangenheit hinaus tun könnten. Jedes Mal, wenn wir denken, dass wir doch etwas in uns ändern können, sei es nur ein ganz klein wenig, machen wir das Vertrauen in unsere Fähigkeit zu etwas Neuem deutlich, die durch nichts beschädigt werden kann – nicht durch die Zukunft mit ihren Schicksalsschlägen, nicht durch die Gegenwart mit ihren Qualen und nicht durch die Vergangenheit mit ihren Schatten.

Diese Frische mag verdeckt sein unter einer dicken Mulchschicht, kann aber nicht vollständig verschwinden, solange wir Menschen sind. Psychologische Theorien darüber, dass wir menschlichen Wesen «nichts anderes sind, als» dieses oder jenes – nichts außer unserer Biologie, nichts außer unseren Gehirnfunktionen, nichts außer antrainiertem Verhalten, nichts außer erlerntem Erkenntnisvermögen – sind pessimistisch und widersprechen sich zugleich selbst. So ist es auch mit den mechanistischen, deterministischen Theorien, die unsere Wissenschaft und Medizin beherrschen.

Solche Theorien übersehen das, was der griechische Mythos und die philosophische Tradition der Griechen unser «Feuer» nannte, unseren Anteil an dem «ersten Feuer». Solche Theorien sind pessimistisch, trotz aller ihrer Versprechen auf Fortschritt, weil sie in Wirklichkeit sagen, dass es nichts gibt, was wir von uns aus tun können. Wenn sie ernst genommen würden, könnte es keine Gesetze geben. Wer ist ein Krimineller, wenn wir für unsere Taten nicht verantwortlich sind, wenn die Ursachen dafür in unserer Vergangenheit, unserem Gehirn, der Erziehung oder den Genen liegen? Und wer ist jemals gut gewesen? Nach diesen Theorien: Niemand.

Aufgrund unserer Überzeugung von einem unzerstörbaren Guten, einer unzerstörbaren verantwortlichen Instanz im menschlichen Wesen können wir Kriminelle wegen ihrer Verbrechen nicht nur verurteilen (weil sie auch anders hätten handeln können), sondern ihnen gegenüber auch Gnade walten lassen (weil sie sich wieder bessern könnten).

Als mein Sohn Asher fünf Jahre alt war, fuhren wir eines Tages durch unsere Nachbarschaft in Brooklyn und sahen ein öffentliches Hinweisschild gegen Alkohol am Steuer. Es zeigte mehrere Menschenattrappen in einem Auto, und ihre mechanischen Köpfe rammten durch die Windschutzscheibe. Die Erklärung lautete so etwa, wie dumm es sei, unter Alkoholeinfluss zu fahren. Asher fragte mich, was das für Roboter in dem Auto wären, und ich sagte ihm, dass sie eine Art Statuen seien, die üblicherweise bei der Sicherheitsprüfung von Fahrzeugen benutzt werden. Man kann sie bei einem simulierten Zusammenstoß zur Untersuchung der Auswirkungen benutzen, ohne dass jemand verletzt wird.

Asher dachte einen Moment nach.

«Warum nehmen sie dazu keine Verbrecher?», fragte er. «Das würde zeigen, was wirklich bei einem Zusammenstoß passiert.»

Das war ein Rückschlag für mich. Warum benutzt man Verbrecher *nicht* dazu?

«Nun», antwortete ich langsam, «sogar jemand, der etwas wirklich Schlechtes getan hat und ein furchtbarer Krimineller ist, ist gewöhnlich doch in einem kleinen Winkel seines Herzens gut. Die meisten Kriminellen sind nicht durch und durch böse. Vermutlich kann man sie deshalb nicht wie Dummys benutzen und sie für die Sicherheitsprüfung von Fahrzeugen in den Tod schicken.»

Asher war damit nicht lange aufzuhalten.

«Warum nimmt man keine Verbrecher, die vollständig böse *sind*?», fragte er.

An diesem Punkt hatte ich ein Gefühl, das mir schon andere Eltern vom Verhältnis zu ihren Kindern berichtet hatten: das Gefühl, den Boden unter den Füßen zu verlieren angesichts eines starrköpfigen Rechtsbewusstseins, das sich im Körper eines Fünfjährigen verfangen hat. In diesem Moment war ich nicht darauf vorbereitet, Asher zu sagen, dass niemand vollständig schlecht ist. Was ich sagen konnte und auch sagte, war, dass allerdings manche Menschen vollständig schlecht sein könnten, aber man könne sich dessen nie sicher sein. Man will keine Kriminellen als Versuchsobjekte für Autozusammenstöße nehmen, um nicht doch einen Fehler zu machen: *es könnte immer noch jemand anderer im Verbrecher sein.* Damit konnte sich Asher zufrieden geben.

Denn die Schwierigkeit des heiligen Paulus – wir tun nicht, was wir wollen, sondern das, was wir *nicht* wollen – stellt nur die dunkle Seite des menschlichen Handelns dar. Er beklagte die Schwierigkeit, die wir beim Verwirklichen unserer Intuitionen haben. Es gibt aber natürlich auch eine helle Seite: wenn der Mensch mit dem Körper den inneren Eingebungen des Geistes vollkommen folgt. Aus der Sammlung der großen menschlichen Errungenschaften, die hierbei unsere Aufmerksamkeit verdienen, wie die Größe von Gandhi als politischem Führer oder von Yo-Yo Ma als Musiker oder die tiefe Handlung eines religiösen Rituals, ist vielleicht die glanzvollste eine Tätigkeit, die wir Tag für Tag ausführen: das Sprechen.

Ein spektakuläreres Modell benötigen wir nicht. Was beim Sprechen geschieht, ist das große Wunder, und wenn wir *das* bewusst bei jeder Handlung vollbringen könnten, hätten wir das Wichtigste geschafft. Wir wollen das Problem des zielgerichteten Handelns nicht durch Erörterung von Stärke und Willenskraft, Selbstbestimmung und Zielen lösen; sprechen wir lieber über diese am wenigsten anstrengende, diese leichteste aller Handlungen und nehmen wir die Lehren entgegen, die sie uns anbietet.

Sprache hat etwas Magisches. Es verwundert nicht, dass magische Formeln oft aus Anrufungen, Zaubersprüchen und anderen Formen des Handelns durch Sprechen bestehen. In vielen Kulturen wird das erste Werk des Universums, die Schöpfung der Welt, als ein Sprechakt beschrieben. Das Wort im Anfang, Gottes «Es werde Licht».

Wichtige Momente in unserem Leben werden durch ein Sprechen gekennzeichnet, das besondere Wirkungskraft hat. Wenn der Kontrolleur im Raumfahrtzentrum «Abheben» sagt, wenn die Braut «Ja» sagt, ist das nicht nur eine Information, sondern eine *Tat*.[31] Alles Gute, das in das menschliche Leben kommt, kommt hinein durch das Wort, ob gesprochen oder nicht. Jede Straße, die gebaut wird, jedes Gericht, das gekocht wird, jedes Korn, das gesät wird – alles findet vermittels dessen statt, was Menschen gesagt oder gedacht haben. Ebenso wie Worte stellen alle unsere wirklichen Taten eine wahrnehmbare Einkleidung dessen dar, was ursprünglich unsichtbar und unhörbar ist: die Idee.

Lenken wir nun unsere Aufmerksamkeit auf unseren

eigenen Körper. Wir können bemerken, dass jede kaum merkliche Sprechbewegung die gleiche Magie im Kleinen besitzt. Denn wir empfangen nur die Idee, wie Gott, bevor die Welt ihren Anfang nahm, und Zunge, Lippen und Kehlkopf arbeiten mit vereinten Kräften an der Ausführung. Es ist jedes Mal eine Schöpfung aus dem Nichts. Wir wollen sprechen und der Körper vollzieht die entsprechenden Bewegungen.

Man mag einwenden: «Das Gehirn veranlasst den Körper zur Bewegung.» Man mag denken: «Sicherlich ist es eine Angelegenheit von Muskeln und Nerven.» Jedoch kann keine der neueren Forschungen über die Gehirn-Plastizität die materialistische Ansicht stützen, dass das Gehirn denkt oder dass der Körper sich selbst kontrolliert, ganz im Gegenteil. Das Gehirn macht nichts von sich aus. *Wir* müssen unserem Gehirn sagen, was zu tun ist. Und wenn wir das machen, reagiert es nicht nur darauf, sondern vernetzt sich neu entsprechend unseren Gedanken. Bei Geigern ist der motorische Bereich der Hirnrinde, der den linken Fingern entspricht (deren schnelle Bewegungen die Töne formen), größer als bei Personen, die kein Streichinstrument spielen. Das Gehirn zwingt den Geiger nicht, die Sonate zu spielen, sondern das Spiel des Geigers formt sein Gehirn.[32]

Wenn wir sprechen, denken wir normalerweise nicht daran, *wie* man spricht. Wir sind einfach bei dem, was wir sagen wollen, und sagen es. Wir vertrauen darauf, dass die Sprache und unser Körper das ihre tun. Wir machen uns keine Gedanken über Grammatik, bevor wir einen Satz sagen. Niemand, der in seiner Muttersprache spricht, denkt dabei: «Wohin soll ich nun das direkte Objekt stellen?» Wir machen uns auch keine Gedanken über die Lauterzeugung. Niemand, der normal sprechen kann, würde etwa überlegen: «Wie muss ich die Zunge stellen, um den T-Laut in ‹Technologie› zu bilden?» Wir fassen einfach unsere Idee, entschließen uns zu sprechen und lassen uns fehlerlos in den Sprechvorgang hineintreiben mit der Leichtigkeit eines gleitenden Schwanes.

Wie wäre es, wenn unser ganzes Leben in dieser Art verlaufen würde? Wie wäre es, wenn man ein wortgleiches Leben führen würde? Das ist hier die Frage. Denn wenn wir inkonsequent sind, wenn wir zum Beispiel das Rauchen aufgeben wollen, es aber nicht tun, verfallen wir in so etwas wie einen Grammatikfehler. Unsere Handlungen drücken nicht mehr unser bestes Bestreben aus. Wir sind, wie man so sagt, wortbrüchig. Wenn unser intuitives Denken jedoch in Einklang mit unserem Tun ist, wenn unser Körper und unsere Gedanken vereint tätig sind, dann treten wir überraschend ins Leben ein. Dann können wir uns einen Sprung ausdenken und ihn auch ausführen.

Im Jahre 1919 wurde Steiner um Anleitung für Lehrer und Erzieher gebeten, wie Kinder unterrichtet werden sollten, und er sagte, dass sich ihre Willenskraft in die richtige Richtung entwickeln würde, wenn sie sich «sinnvoll betätigen»[33] würden. Er fuhr fort mit der Erläuterung, welche Handlungen sinnvoll genannt werden könnten: Es sind solche, die für andere ausgeführt werden. Wenn die Kinder in einer Waldorfschule Brot backen, dann backen sie es für die ganze Klasse. Ein Kind knetet den kleinen

Teigklumpen nicht für sich allein. Das ist eine sinnvolle Handlung, und sie ist ein Sprechakt. Sie sagt etwas.

So wie Denken immer richtig ist (falls es wirklich Denken ist), so ist Tun immer gut (wenn es wirklich Tun ist). Eine sinnvolle Handlung ist eine moralische Handlung. Wir haben den wahren Gedanken gefasst und führen ihn dann aus als die gute Tat – deshalb mussten wir zuerst auf das Denken schauen. Solange unsere Gedanken nicht klar sind, werden alle unsere Taten der Tendenz nach von unserer Zerstreutheit an der Nase herumgeführt werden, und wie ein Affe hinter einem anderen Affen her, wird der Körper dem zerstreuten Geist wild hinterherhangeln. Wenn sich unser Denken erst einmal vertieft und sich seiner tiefen Quelle nähert, werden auch unsere Handlungen gesegnet sein.

Im Mittelalter wurde von großen religiösen Gestalten wie dem Schweizer Nikolaus von der Flüe häufig der «Gehorsam» als höchste Tugend gepriesen. Als Teenager wäre mir eine solche Ansicht äußerst abschreckend erschienen und hätte Vorstellungen einer kriecherischen Abhängigkeit von autoritären Personen oder der herrschenden Ordnung hervorgerufen. In dieser Weise ist Gehorsam häufig (miss)verstanden worden. Ich bin jedoch jetzt zu der Vermutung gekommen, dass das Wort *Gehorsam* ursprünglich eine qualitativ andere Bedeutung hatte, die sich aus seiner Wurzel im Wort *hören* ableitet. Diese bestand wohl ursprünglich nicht darin, sich vor der Kirche oder den Tempelältesten zu verbeugen, sondern auf die Orientierung durch den Geist zu hören – mag sie als brennender Dornbusch, als Verkündigung eines Engels oder als einfache

Eingebung eines rechtschaffenen Gewissens erscheinen. Wenn wir einmal die Sicherheit des wahren Denkens und des rechten Weges haben, sollte uns nichts davon abhalten, in Übereinstimmung mit unserem Verständnis zu handeln (außer wenn wir feststellen, dass wir uns irren). *Das* ist Gehorsam. Jede Handlung könnte wie ein gehorsamer Diener unseren Intuitionen folgen, wie es die Sprachorgane gegenüber unseren Gedanken tun.

Manchmal funktioniert diese Art des Handelns am besten bei Katastrophen. Die Intensität eines Feuers oder einer Flut kann konzentrierend und aktivierend auf uns wirken, sodass wir klar sehen und unmittelbar tätig werden. Es ist ein Wunder eigener Art, bekannt als Geistesgegenwart. Ich erinnere mich an einen schwülen Sommertag in Brooklyn, als ein Mann aus einem Laden herausrannte und die Straße entlangraste. Einen Moment später kam wütend und schreiend ein zweiter Mann mit einer Eisenstange aus dem Laden. Er holte den Ersten ein und begann, mit der Stange auf dessen Gesicht loszugehen. Er war in Weißglut. Ein vorbeigehender Student sah das Geschehen, er trat hinzu, um die Eisenstange zu packen, sprach ein oder zwei Worte der Ruhe und nahm die Stange so sanft aus der Hand des Verfolgers, dass der kaum widerstrebte. Es folgten einige gespannte Momente, aber der Ladenbesitzer und der Dieb klärten alles mit der Polizei. Niemand wurde verletzt.

Ich blieb noch da, und als alles vorüber war, sprach ich den Studenten an zu dem, was er getan hatte. «Oh», sagte er, «ich habe getan, was jeder tun würde. Ich sah in gewisser Weise meine Möglichkeit und nahm sie wahr.»

An die beruhigenden Worte, die er zu dem Ladenbesitzer gesprochen hatte, konnte er sich nicht erinnern. Wort und Tat waren eins gewesen.

Wenn wir *handeln* üben, lernen wir, Geistesgegenwart zu unserer täglichen Gewohnheit werden zu lassen. Wir tauschen ein Leben der sinnlosen Wiederholung gegen eines der inhaltsvollen Improvisation – das heißt, geistesgegenwärtigen Handelns, frei von irgendeinem Zwang. Das Tun wird zu unserer Sprache. Wir können es lernen, wenigstens von Zeit zu Zeit mit der gleichen Unangestrengtheit nach unseren Intuitionen zu handeln, mit der wir Worte in unserer Muttersprache äußern.

Eines Morgens an einem Schultag versuchte ich meinen sechsjährigen Sohn Rody aus dem Bett zu bekommen. Mit jedem Anlauf, ihn zu überreden, und mit jedem Ziehen an der Bettdecke verschwand er nur tiefer darunter. Dann erinnerte ich mich an das Prinzip vom Tun als Sprache und fand einen Weg, ihn hoch zu bekommen.

«Arbeit besteht aus alledem, was der Körper tun muss», so sah es Tom Sawyer, während Spiel das ist, was wir von uns aus ohne Anstrengung tun. Deshalb wollte ich Rody eine Geschichte erzählen. Und damit er aufmerksam wurde, erzählte ich ihm von jemand anderem, der Schwierigkeiten beim Aufstehen hatte: Rip Van Winkle. Er hatte so eine schwere Zeit, er schlief zwanzig Jahre lang. Als er endlich aufwachte, reichte sein Bart bis zu den Zehen, und so fort. In dem Moment, als Rody hörte, dass eine Geschichte im Gange war, spitzte er die Ohren. Er setzte sich wie der Blitz auf und begann zu fragen, während ich ihm etwas beim

Anziehen half. Wir kamen überein, die Geschichte von Rip Van Winkle mit verteilten Rollen zu spielen, und mit einem Mal wurde das Vorhaben des Aufstehens ein kurzes und unbedeutendes Hindernis für unser Spiel.

Die asiatischen Kampfkünste benutzen manchmal eine ähnliche Technik. Unser Gegner verwickelt uns grimmig in einen Kampf, in dem es nur um Stoßen und Verletzen geht (im Grunde sinnlos), während wir uns in eine wirklich stärkere Position bringen, indem wir unsere Arme bewegen, als wollten wir zum Beispiel Krähen aus einem Kornfeld scheuchen (oder etwas dergleichen). Das heißt, wir bringen uns in eine innere Verfassung, die Sinn-schaffend wirkt. Wir bewegen unseren Körper in einer Weise, die Sinn hat, die etwas bedeutet, nicht um Kraft auszuüben. Diese Ebene steht in Zusammenhang mit der häufig beobachteten Fähigkeit von Stotterern, flüssig zu sprechen, wenn sie ärgerlich sind oder eine Fremdsprache sprechen. Die speziellen Bedingungen des Ärgers oder beispielsweise des Französischen lenken sie für eine kurze Zeit von der gewohnten quälenden Anstrengung ab, sich klar auszudrücken – und eine flüssige Sprache ist das Ergebnis.

Die Praxis des Handelns

Wie können wir diesen magischen Aspekt des Tuns in unser eigenes Leben hineinholen? Die erste Übung besteht darin, Zugang zu dem zu suchen, was Kühlewind den «sanften

Willen» nennt, den Willen, mit dem wir sprechen. Wir können zum Beispiel, wenn wir einkaufen gehen, wenn wir Laub zusammenrechen, Essen machen oder Daten in unseren Kalender eintragen, diese Tätigkeiten als Teil einer «Rolle», als Teil eines inneren Dialogs oder eines Spiels ausführen. Man kann sich vorstellen, dass das Glas Wasser aus dem Wasserkühler eine einmalige Dosis eines Elixiers sei, das jede Krankheit heilt, und kann innerlich abwägen, ob man es für sich selbst nimmt oder jemand anderem gibt. Man kann sich vorstellen, dass jeder Schritt auf dem Weg zur Bushaltestelle durch Pfingstrosen geht, die man nicht beschädigen möchte, oder auf einem Drahtseil entlang ganz oben über der Menge in einem Zirkuszelt. Ob dadurch ein Unterschied erfahrbar ist, hängt davon ab, wie intensiv wir uns in die Szene hineinversetzen. Wenn es gelingt, Freude an der Übung zu haben, werden wir bemerken, dass der äußerliche Vorgang (z.B. Essen zu machen) dadurch leichter wird. Er wird kaum mehr als Last empfunden, vollzieht sich wie von selbst.

Ich lernte einen Holländer kennen, dessen Vater Hufschmied gewesen war. Ich fragte ihn, ob sein Vater bei der Arbeit gesungen hätte. Ja, sagte mir mein Freund, er sang auch, aber vor allem schlug er auf den Amboss *im Rhythmus*, und dadurch verging der Tag, ohne dass er ermüdete. Die Hammerschläge seiner «Arbeit» waren Teil eines Rhythmus, der sich von anderem ringsum abhob.

Das Ziel solcher Übungen besteht einfach darin, den Bereich des imaginativen Handelns zu betreten und so in unserer Erfahrungsqualität nicht, wie üblich, die Betonung auf die Nützlichkeit zu legen, sondern, wie weit weniger üblich, auf ihre Bedeutung, auf das Erzählen einer Geschichte mittels unserer Taten. Auch wenn wir nur für einen Moment in ein Rollenspiel oder in ein Lied eintauchen, können wir sicher sein, dass sich dadurch die Qualität der Erfahrung ändert.

Eine weitere Übung besteht darin, einen einfachen Bewegungsablauf langsam auszuführen, den wir allein bestimmen und der keinen nützlichen Zweck erfüllt. Zum Beispiel können wir ein Buch aufschlagen und es dann wieder schließen, ohne ein Wort darin zu lesen. Jede kleinste Geste – wie wir zuerst nach dem Buch greifen und den Deckel berühren, bis zu dem Augenblick, wo wir es geschlossen aus der Hand legen – sollte so sorgfältig und zugleich entspannt wie möglich ausgeführt werden. Was wir normalerweise tun, während unser Bewusstsein zu seinen zehntausend Inanspruchnahmen rast, führen wir jetzt in totaler Konzentration aus. In der Übungszeit folgen wir unserem eigenen Tun mit der Wachsamkeit unseres Denkens. Wenn die Gedanken wandern, bringen wir sie direkt wieder zu der vorliegenden Aufgabe zurück. Diese Form des Tuns ist nicht unähnlich der buddhistischen Übung der Achtsamkeit und ist in vieler Hinsicht gleich hilfreich.

Man mag bemerken, dass es schwierig ist, den allerersten Moment einer absichtlichen Bewegung zu «fassen». Es ist keine leichte Aufgabe, den Bruchteil einer Sekunde mit vollkommener Aufmerksamkeit zu verfolgen, in dem wir zuerst unsere Hand zur Bewegung veranlassen und nach dem Wasserglas greifen. Wir finden, dass der Wille selbst für uns unsichtbar ist, während der Gedanke («ich will jetzt nach dem Buch greifen») und die Wahrnehmung (wir sehen unsere Finger den Deckel berühren) leicht zu beobachten sind. Allzu leicht finden wir, dass wir schon fertig sind, aber irgendwie im Moment des Aufhörens nicht «dort» waren. Es ist aber möglich, genau dort zu sein.

Man kann den Moment des Beginnens dadurch intensivieren, dass man eine Pause zwischen dem Entschluss und der ersten physikalischen Bewegung bei der Ausführung einlegt. Die Frage danach, *wie* wir etwas tun, wie der Gedanke sich in Tun umsetzt und wie die Handlung zu Ende geht, kann für uns ein Rätsel werden, das uns in Staunen versetzt. Es wird nicht durch Geschichten von Nervenimpulsen und dem, was sich im Gehirn abspielt, gelöst, denn es ist eine Frage des Bewusstseins, während das Gehirn und die Nerven *prinzipiell* einer direkten Erfahrung nicht zugänglich sind. Wie weiter oben dargestellt, zeigen neue Entwicklungen bei der wissenschaftlichen Untersuchung der Gehirnplastizität unverändert, dass das Gehirn tut, was wir wollen, und nicht umgekehrt. Deshalb bleibt das Wunder, wie wir uns entschließen, wollen und tun, bestehen, gleich ob wir die sich bewegende Hand, das Gehirn oder die Nerven betrachten. Wir haben die Idee, und irgendwie fangen wir an; wir haben die Idee, und irgendwie hören wir auf.

Wenn wir unserem Erstaunen weiter folgen und sich unsere Aufmerksamkeit der Handlung immerfort nähert, mögen wir finden, dass wir zu einem ungewohnten Gefühl des Erfüllens geleitet werden. Wir beginnen, etwas von den

Quellen des Willens zu ahnen. Wir erfahren die überreichlichen Vorzüge der Bewegung, einer Bewegung, die nicht allein von unserem Körper stammt. Wir fühlen, dass das kleinste Tun etwas in Resonanz bringt, suggestiv wirkt und mit der Welt um uns zusammenhängt, wie wir es vorher nicht erahnen konnten. Der Kontrollpunkt, die Quelle der Bewegungen, verschiebt sich von innerhalb unserer Haut nach «außerhalb» oder zu einem gänzlich Außerräumlichen. Der Zen-Spruch «Ich hebe meinen kleinen Finger und bedecke den Berg Sumeru» mag sich plötzlich aus einem seltsamen Paradoxon in eine von selbst einleuchtende Tatsachenfeststellung verwandeln. Wir heben eine Augenbraue und umschließen den Erdball.

Solche Erfahrungen stehen für sich und begründen sich selbst. Wir empfinden kein Bedürfnis, nach einer nützlichen Anwendung für sie zu suchen. Gerade das Gefühl, dass die Erfahrung für sich vollständig ist, zeigt uns, dass unser Üben gut verläuft. Wir werden erfahren, wie auffällig der Unterschied ist zwischen einem angestrengten Herangehen an die Übung und den Momenten, wo wir uns ohne Anstrengung auf sie einlassen.

Die Tendenz des Stufenweges als Ganzem und des Handelns im Besonderen geht dahin, dass wir direkter in die Erfüllung unserer alltäglichen Pflichten eintauchen. Das lässt die Bürden des Lebens leichter werden. Wenn das Tun in uns Halt gewinnt, werden wir zwar nicht weniger tätig sein als vorher, doch in begnadeten Augenblicken werden wir wissen, *wofür* wir – jenseits aller Nützlichkeit – tätig sind.

3

Wenn wir doch diese fantastische Fähigkeit
des Fühlens haben, warum erkunden wir sie
dann nicht mehr?

Fühlen

Ein Paar kam zu mir, weil sich der Ehemann immer über seine Frau ärgerte.

Jack hat den Eindruck, dass ihn Annette nicht liebt und ihn vernachlässigt. Er ist eifersüchtig auf jeden, mit dem sie spricht, eifersüchtig, wenn sie im Bad ist oder im Supermarkt. Es kommt vor, dass er darüber in Wut gerät, sie wüst beschimpft und sogar mit Möbelstücken wirft. Es tut weh, seinen Ärger auf sie mit anzusehen, weil er so sinnlos ist. Je mehr er dagegen wütet, dass sie ihn angeblich verlässt, umso mehr zieht sie sich zurück. Nach achtzehn Jahren Ehe mit seiner fortgesetzten Quälerei ist Annette so weit, ihre Sachen zu packen. Wenn nicht die Kinder wären, wäre sie schon längst weg. Als wir über Möglichkeiten für die zwei sprechen, wie man besser miteinander reden könnte, will keiner von seinem starren Standpunkte abrücken: «Sie liebt mich nicht.» «Er engt mich zu sehr ein.» Es ist immer das gleiche Spiel, mit wenigen Variationen.

Wir sprechen über ihr früheres gemeinsames Leben, bevor dieses Problem auftrat, und kommen ganz zufällig auf ein neues Thema. Damals wollte Jack von Beruf Geiger werden. Er hatte einige Wettbewerbe gewonnen. Er hatte ein paar Solokonzerte gegeben. Er hätte beinahe einen Vertrag für Aufnahmen bekommen. Aber die Aussichten in der Musikwelt hatten sich für ihn eingetrübt und er war stattdessen Bauunternehmer geworden. Ich frage ihn aus über diese frühen Jahre, frage ihn danach, wie es war, zur professionellen Musikwelt zu gehören. Während Jack darüber spricht – über die spontanen Konzerte mit Freunden, das Leben mit ununterbrochenem Üben, die Aufregung bei einer Konzertaufführung, die geliebten späten Beethoven-Quartette – geht eine Änderung mit ihm vor. Sein Gesicht, seine Körperhaltung, der Ton seiner Stimme, alles bringt etwas zum Vorschein, das ich noch nie gesehen habe und von dem Annette sagt, dass sie es ebenfalls viele Jahre nicht mehr gesehen hat. Es ist seine tiefe Liebe zur Musik. Wie er spricht, scheint die ganze Luft in der Praxis besser zu sein und der Raum scheint sich zu weiten. Er beginnt leise zu weinen. Sie gehen nach Hause und verleben die beste Woche ihres Ehelebens.

Was ist hier geschehen? In meiner Ausdrucksweise ist Jack aus dem Gefängnis des *Gefühls* (seinem Ärger) aufgetaucht und hat eine Welt des wirklichen *Fühlens* betreten (seinen Sinn für Musik und Liebe).

Gefühle sind auf das abgetrennte Selbst bezogen. Es ist immer «mein Ärger» oder «dein Ärger»; es ist immer «sie ist eifersüchtig» oder «er hat Sorgen». Die innere Erfahrung, die wir Gefühl nennen, ist buchstäblich selbstisch: sie dreht sich um uns selbst. Wenn wir sterben, sterben die Gefühle mit. Sie sind kein Teil der Welt, die sie hervorgerufen hat. Die Eiche im Garten bleibt, wenn ich sterbe; meine Freude an der Eiche verschwindet mit mir.

Beim Fühlen ist das anders. Fühlen ist wie das Gefühl eine innere und lebensvolle Erfahrung, aber im Unterschied zum Gefühl handelt es sich um das Erfahren einer Wahrheit, die mich eher überleben wird als ein Bericht über meine persönliche innere Wetterlage. Es ist kein kaltes, abstraktes Wahrheitserleben, sondern – eben ein *fühlendes*. Die ganze Lebhaftigkeit und Lebendigkeit der Gefühle bleiben erhalten, nur sind sie nicht mehr im Vorhinein besetzt mit der Person, die fühlt. Die Sensibilität ist nach außen gerichtet, zum Leben hin. Ich fühle nicht *mich,* ich fühle *das* – etwas über mich hinaus. So sprechen wir wahrer, als uns bewusst ist, wenn wir sagen, dass unsere «Gefühle» verletzt worden sind. Mehr als verletzt: durch unsere ganze Haltung gegenüber der Welt ist unsere Fähigkeit zu fühlen verschoben und verdreht worden, sie hat sich eingetrübt und ist selbstisch geworden. Sie ist zur Emotion geschrumpft.

Wer Gefühle liebt, wird sich entrüstet gegen diese Charakterisierung wehren, und ich habe sie auch etwas überzeichnet, um die Sache auf den Punkt zu bringen. In Wirklichkeit ist unser inneres Leben weder «Götterspeise» noch «Teufelsspeise», sondern sieht eher aus wie Marmorkuchen – es ist ein Wirbel aus Gefühl und Fühlen, wobei sich das eine oft mit dem anderen vermischt. Spontaneität und Wärme des inneren Lebens sollen hier nicht etwa einem kalten Ideal geopfert werden. Wir alle kennen Gefühlserfahrungen, die bereits Fühlen sind oder an der Grenze zum Fühlen liegen: Staunen, Neugier, Interesse, Mitleid und Verehrung. Unsere bessere Bestimmung geht durchaus in eine Richtung, und zwar dahin, die Welt fühlender zu erfahren.

In vielen Traditionen taucht die Ansicht auf, dass problematische Eigenschaften der Seele dekadente Formen von etwas Edlerem sind. Nach Bodhidharma besteht das Ziel der Entwicklung darin, von den «drei Giften» der buddhistischen Lehre, der Gier, der Wut und der Täuschung, «zurück zu Moralität, Meditation und Weisheit» zu gelangen.[34] Die sieben Todsünden und die sieben Tugenden stehen einander ähnlich paarweise gegenüber. (Die Unterscheidung zwischen Gefühl und Fühlen habe ich durch Kühlewind kennen gelernt.)[35]

Daniel Goleman hat ein Buch über «emotionale Intelligenz» geschrieben, die er der verbalen Intelligenz gegenüberstellt.[36] Allerdings ist das Leben des Fühlens an der Quelle von *jeglicher* Intelligenz zu finden. Beginnend mit unseren ersten Verstehensakten bis hin zu unseren größten Intuitionen sind Wahrheitserfahrungen immer Erfahrungen fühlender Art. Auch die Logik beruht auf Fühlen – dem Fühlen der Evidenz, dessen was «einen Sinn ergibt». So erkennen wir, dass ein Syllogismus oder ein Beweis «schlüssig» ist: durch unser exaktes Fühlen. Es sei noch einmal gesagt, dass es hier nicht um ein Fühlen geht, das sich auf uns selbst bezieht, sondern um ein Fühlen dessen, was wirklich da ist. Seine Erfahrung kann von anderen Menschen bestätigt werden, sofern sie eine ähnliche Klarheit des Fühlens entwickelt haben. Wenn man das sieht, beginnt man zu verstehen, dass das menschliche Wesen kein zufällig geschnürtes Bündel von separaten Funktionen ist, sondern vielmehr ein Regenbogen von zusammenhängenden Fähigkeiten. Unser Fühlen, Denken und Wollen sind die bunten Farben eines einzigen ursprünglichen Lichtes.

Wenn wir an Jack und Annette zurückdenken, können wir weitere Anhaltspunkte dafür erhalten, wie ein Gefühl in seiner Selbstorientierung funktioniert. Jacks Ärger über Annette beruht auf alten seelischen Gewohnheiten, die mindestens bis auf die Zeit zurückgehen, als ihn seine Eltern verlassen haben (er wuchs in einer Pflegefamilie auf). Sein Gefühl, von Annette dauernd verletzt und verlassen zu werden, erscheint ihm selbst sicherlich als richtig und real. Doch Beobachter von außen würden darin übereinstimmen (und sie tun das auch), dass er in solchen Zeiten lediglich seinen eigenen Schatten sieht. Wir können sagen, dass er dann von etwas eingeholt wird, das sehr stark *von ihm* kommt und *mit ihm* zu tun hat, aber sehr wenig mit Annette. Freud nannte solche Erfahrungen Reproduktionen von Gefühlssituationen aus der Vergangenheit. Sie sind nicht genau die gleichen wie die Kindheitsversionen desselben Musters, gehören aber sicher zur gleichen Familie.

Für Gefühle ist typisch, dass sie uns nur allzu gut bekannt sind. Sie übermitteln nichts Neues und sind dem Wesen nach Neuauflagen unserer Vergangenheit. Im Gegensatz dazu bringt uns das Fühlen tatsächlich Nachricht von der Außenwelt und verbindet uns mit ihr auf Wegen, die uns unbekannt waren oder die wir vergessen haben.

Als Jack an seine frühere Laufbahn zu denken begann, wurde die emotionale Aufladung, die er wegen der vermuteten Absichten seiner Frau aufgebaut hatte, durch seine gelockerte Sicht in ein Fühlen hin zur Musik umgewandelt. Das Empfinden der Weite, das er mitteilte, ist charakteristisch für Fühlen.

Letzten Endes gibt es für Gefühle nur ein begrenztes Spektrum. Wir können einige wenige verschiedene

Gefühle nennen, ungefähr ein Dutzend vielleicht, aber nicht viel mehr. Die mögliche Zahl unserer Gedanken ist unbegrenzt – wir können über alles nachdenken, von den Niagarafällen über den Satz des Pythagoras bis hin zu *Hamlet* – aber voneinander unterscheidbare Gefühle gibt es verdächtig wenige. Um welche handelt es sich dabei? Ärger, Angst, Sehnsucht, Zufriedenheit, Freude, Eifersucht … Sie reichen von erfreulicheren bis zu weniger erfreulichen, und sie unterscheiden sich untereinander vor allem durch die immense Vielfalt der mit ihnen verknüpften Gedanken. Wann hatten Sie zuletzt ein *neues* Gefühl?

Unser Fühlen dagegen kennt keine solche Grenze, denn die Ereignisse, Wesen und Dinge, denen wir unsere fühlende Aufmerksamkeit zuwenden können, sind unbegrenzt. *Fühlen ist Emotion, die sich nach außen richtet und von «außen» empfangen wird.* Sobald wir beginnen, unser Gefühlsleben mit seiner reichen, lebensvollen und interessanten Seite von unseren seelischen Empfindlichkeiten abzuwenden, können wir unzählige neue fühlende Erfahrungen machen, in denen sich die Welt in uns ausprägt. Jeder Augenblick der Erfahrung könnte mit einer neuen Tönung des Fühlens zu uns kommen, wenn wir ihm mit unserer ungeteilten Aufmerksamkeit begegnen.

Die Arten der inneren Erfahrung, die wir alle als Kinder hatten, übersteigen bei weitem unsere normale Erfahrung als Erwachsene, sowohl im Umfang wie in der Intensität. Wenn wir als Erwachsene aufs Neue die Intensität des kindlichen Fühlens kosten (oft infolge eines Verlustes), geschieht dies immer mit dem Schock eines fernen Wiedererkennens:

«O ja, so pulsierend, so schmerzlich kann die Welt sein.»
Dann wundern wir uns – und treten den Rückzug an.

Die Erfahrung von Gefühlen, die entweder intensiver oder überhaupt anders sind als die aus der Kindheit oder dem üblichen Erwachsenenalter, ist uns weniger geläufig. Diese vollständig neuen Gefühle können in ungewöhnlichen Situationen von selbst auftreten. An das erste Mal, als ich auf diese Möglichkeit aufmerksam wurde, erinnere ich mich genau. Ich saß mit einer Gruppe von Freunden zusammen, als einer von uns bekannte, dass er jemanden getötet hatte (im Militärdienst). Er war sichtlich erregt wegen dieses Ereignisses, das vor vielen Jahren vorgefallen war, und es war schwer für ihn, dieses einer Gruppe zu offenbaren, an deren Anerkennung ihm sehr viel lag. Jemand bat ihn, ausführlicher, bis in alle Einzelheiten davon zu berichten, und als er das tat, fühlte ich eine Welle eines völlig neuen Fühlens. Wenn ich es in eines der etikettierten Schubfächer hätte legen sollen, in die wir unsere Gefühle einsortieren, würde ich es Mitleid nennen – allerdings hätte ich nicht sagen können, ob für ihn oder für sein Opfer. Und es war so verschieden von meinen früheren Erfahrungen von Mitleid wie ein Wal von einer Mikrowelle. Was ich während dieses Gesprächs fühlte, kann ich nicht wieder wachrufen; ich weiß nur noch, wie verschieden es war, wie fremd und neu. Es war eine völlig unbekannte Lebenserfahrung, und sie war spezifisch für diese spezielle Geschichte eines Tötens.

Die meisten von uns können durch künstlerische Erfahrung Zugang zum Gebiet des Fühlens finden. Wir wissen, dass Komponisten, Schriftsteller, Tänzer oder Schauspieler, um gut zu sein, genau und schöpferisch *fühlen* müssen, mit einer Sensibilität, die über das Subjektive hinausgeht. Beethoven schrieb oben auf das Manuskript seines schwierigen letzten Quartettes in F-Dur Op. 135: «Muss es sein? Ja, es muss sein!» Das heißt, er *fühlte* die Richtigkeit dessen, was sein Verstand zunächst verworfen hatte – und diese Richtigkeit haben Generationen von dankbaren Hörern bestätigt. Es war kein Gefühl, sondern ein *Fühlen* – nicht etwas, das sich auf ihn, Beethoven persönlich, bezog oder auf den Augenblick, sondern das mit der Musik zu tun hatte und außerhalb der Zeit lag.

Gleich, ob wir Kunst schätzen oder sie schaffen, wir bewegen uns auf derselben Ebene. Die Künste bewahren uns vor einer einseitigen Orientierung auf das Verstandesmäßige, Emotionale oder Nützliche. Sie erhalten etwas frisch und verfügbar, was durch die Plackerei des täglichen Lebens der Tendenz nach abgetötet wird. Unglücklicherweise geht unser Kunsterleben heutzutage mehr und mehr zur bloßen «Unterhaltung» hin – wo eher die geläufigen Emotionen aufgewärmt werden, als dass ein frisches Verstehen durch Fühlen angeregt wird.

Wenn wir doch diese fantastische Fähigkeit des Fühlens haben, warum erkunden wir sie dann nicht mehr? Warum praktizieren wir so zwanghaft immer wieder «himmelhoch jauchzend»- und «zu Tode betrübt»-Gefühle, die uns nur allzu gut bekannt sind? Was ist in uns gefahren, das uns gefangen hält in der gewohnheitsmäßigen Zurschaustellung von Ärger, Überheblichkeit, Eifersucht, Angst, Triumph und Depression?

Durch Gefühle bauen wir uns eine falsche Identität auf. Eine Patientin kommt zu mir und klagt über die Dummheit einer Frau, die ihr bei der Arbeit untergeordnet ist. Dem, was sie erzählt, ist zu entnehmen, dass die Kollegin wirklich inkompetent und beschränkt ist. Aber die Patientin hat Schwierigkeiten, ihren selbstgerechten Ärger und die Verachtung, in der sie sich auf Kosten der Untergebenen gefällt, wieder loszuwerden. Denn je mehr sie sich aufregt, je sicherer sie sich ist, im Recht zu sein, desto mehr genießt sie die Situation mit ihrer dummen Kollegin und desto weiter ist sie von einer Lösung für ihre Probleme entfernt. Unsere Emotionen funktionieren immer nach diesem Muster. Sie bauen ein Selbstempfinden auf, das sich unentwegt um sich selbst dreht, und wir kommen in Versuchung, diese Gefühle zu genießen, wenn wir uns selbst sagen: «Das ist die Wahrheit.»

Sozialpsychologen, die das Gruppenverhalten untersuchen, sprechen davon, dass es nützlich sei, eine Gruppenidentität zu bilden und eine «Außen-Gruppe» festzustellen. So kann ein geteiltes Land plötzlich neuen Zusammenhalt gewinnen, wenn es an einem Krieg teilnimmt, den alle gutheißen. Eine Basketballmannschaft wird sich wirklich zusammengehörig in den Momenten fühlen, wenn ein Angriff einer anderen Mannschaft abgewehrt wird. Eine Gruppe von Sozialaktivisten wird sich an einem Gefühl der Einigkeit erfreuen, das aus einem Kampf gegen eine bestimmte Industrie oder politische Gruppe abgeleitet ist. Diese Verhaltensweisen sind nicht zwangsläufig verkehrt, aber sie tendieren dahin, die Konfliktsituation zu verewigen:

das «Außerhalb» steht von Natur aus in Konflikt mit dem «Innerhalb». Das Gleiche geschieht bei meinen Emotionen: Sie versichern meinem Selbstgefühl, dass es vermeintlich höher stehe als meine Umgebung und gegenüber von ihr. Letzten Endes verstärken sie den Eindruck, dass die Welt das unerkennbare *Andere* sei.

Fühlen bringt mich dagegen in einen Dialog mit der Welt. Wie in einem Gespräch lerne ich von der Welt und trage zugleich etwas zu ihr bei durch mein fühlendes Eintauchen in sie. Ich bin nicht so radikal von ihr getrennt – in bestimmten Momenten mag ich vollständig mit ihr identisch sein.

Wenn wir einen Gedanken denken, welcher es auch sei, müssen wir das eine Zeit lang tun. Wenn wir den folgenden Satz lesen: «Bevor die Blüten der Freundschaft verblasst sind, ist die Freundschaft verblasst» (Gertrude Stein), müssen wir ihn selbst denken, um zu verstehen, was er bedeutet. Hinterher können wir natürlich auf ihn schauen und unsere Antwort darauf haben, jedoch im Moment des Verstehens gibt es keinen Abstand zwischen uns und dem Satz. Wir sind mit ihm eins.

Unsere Identität mit dem, was wir fühlen, ist womöglich noch stärker. Im wahren Fühlen begegnen wir der Person, dem Ding, der Idee oder dem Sein noch mehr mit unserem ganzen Selbst, mit unseren spirituellen Wurzeln. Wir erleben sie gründlicher. In diesem Vorgang liegt immer ein Risiko. Wir setzen tatsächlich weit mehr als bei einem Denkvorgang denjenigen aufs Spiel, der wir bis dahin waren. Wir sind viel eher bereit, uns auf das Denken eines anderen Menschen versuchsweise einzulassen (wenn auch das schwer ist), als auf sein Fühlen. Die zartesten Erfahrungen – wie ein Fluss fließt oder wie ein Lüftchen vom Flügelschlag eines Vogels wispert – können, wenn sie im Fühlen geschehen, denjenigen von Grund auf erschüttern, der wir bisher gewesen sind. Ob wir dann sagen, dass der Fluss uns versteht oder dass wir den Fluss verstehen, ist fast gleich wahr. Dies ist eine beunruhigende Erfahrung.

Aus diesem Grund sträuben wir uns so gegen das Fühlen: Es bedroht unsere Absicherungen, unsere Sicherheit, unser eingewurzeltes Gefühl, so wie wir sind, standfest zu sein, immer mehr und mehr zu verlangen, immer weniger geben zu wollen. Es ist etwas in uns, das großen Wert darauf legt, jemand zu sein, eine fixierte Identität zu besitzen, und diese Identität soll nicht wackeln. Es wäre vermutlich alles in Ordnung, wenn sich unser Selbst auf einem genügend hohen Niveau befinden würde. Doch wir haben uns auf einer ausschließlich körperorientierten Identität niedergelassen, auf Kosten unserer übrigen Möglichkeiten.

Ein Freund von mir lebte bei den Kogi an der Küste Kolumbiens. Er erzählte: Wenn die Angehörigen dieses archaischen Stammes gemeinsam durch den Urwald zogen und einer von ihnen hungrig wurde, brauchte er nur in den Boden zu fassen und zog dann eine wilde Süßkartoffel unter den Blättern heraus. Nachdem mein Freund ein paar Monate bei ihnen verbracht hatte, hatte er ebenfalls die Fähigkeit entwickelt, auf diese Weise Süßkartoffeln zu finden. Er berichtete, dass er keine Erwägungen darüber anstellte, wo Süßkartoffeln sein könnten (er hätte es auch nicht gekonnt). Er *fühlte* sie im richtigen Moment. Wenn er eine Süßkartoffel brauchte, war sie zur Hand. Das ist nahezu die Erfüllung der höchsten Erwartung, dass wir fühlen lernen können. Es verbindet uns harmonisch mit unserer Umgebung. Wie es Theodore Roethke in einem Gedicht ausdrückte: «Dem glücklichen Menschen geschieht das Richtige.»

Ein reicher, überzeugter Geschäftsmann kam zu mir, weil er Probleme beim Einschlafen hatte. Da wir alle im Schlaf besonders offen gegenüber der geistigen Welt sind, vermutete ich, dass sein Problem mit seinem Stil zusammenhing, auf die Welt zuzugehen – einer habgierigen Art, ungeeignet für die Welt, die uns der Schlaf zum Geschenk macht. Ich schlug ihm vor, eine bestimmte Art des Fühlens unmittelbar vor dem Schlafengehen zu entwickeln. Er könnte versuchsweise auf den Computer, die Zeitung, das Fernsehen und das Telefon verzichten und eine ganze oder eine halbe Stunde direkt vor dem Schlafengehen dafür freihalten, Andacht, Ehrfurcht, Verehrung und Staunen zu entwickeln. Er könnte das ausführen, indem er sich eine große künstlerische, politische oder geistige Leistung vor Augen rufe und darüber staune, bis das Fühlen immer intensiver würde. Wenn er auf diese Weise in den Schlaf gehen würde, versicherte ich ihm, würde der Schlaf ihn tiefer in sich hineinnehmen können.

An der Art, wie er zuhörte, konnte ich sehen, dass er für Sekunden zu ahnen begann, worum es mir ging. Für Sekunden entspannte sich sein ganzer Körper, als er sich vorbeugte und aufmerksam zuhörte. Dann wurde sein Körper starr und er hob eine Hand, um mich am Weitersprechen zu hindern. «Lassen Sie es gut sein», sagte er. «Sagen wir mal, ich entwickle dieses Fühlen von Ehrfurcht und Staunen. *Was bringt mir das?*» Ich hatte ihm zwar gesagt, was es ihm bringen würde – dass es ihm helfen würde einzuschlafen –, aber ihm war völlig klar, dass sich das Entwickeln dieser Art von Gefühlen grundsätzlich zum Nachteil für seinen Egoismus auswirken würde. Denn sie sind nicht wie andere Gefühle beschaffen. Sie öffnen das Selbst nach außen. Dankbarkeit, Ehrfurcht, Mitleid, Staunen, Interesse, Überraschung, Verehrung: das sind Gefühle, die uns aufnahmefähiger für alles machen, was uns begegnet. Sie setzen uns der Gefahr aus, dass sich unsere Ideen und Gewohnheiten ändern könnten. Sie lassen das Andere, das Neue im alltäglichen (wie im nicht alltäglichen) Leben zu und machen uns so lebendiger. Sie können uns aus der festen Bahn werfen und auf den Weg zur Gesundheit bringen.

Die Praxis des Fühlens

Es gibt zwei grundlegende Richtungen, die das Üben des Fühlens gehen kann. Einmal können wir solche Gefühle wie Ärger auflösen, abbauen und umformen. Wir können aber auch direkt am Hervorbringen dessen arbeiten, was ich *Fühlen* genannt habe. Praktisch verändert alles, was wir auf einer Seite dieser Gleichung tun, auch die andere Seite. Das Ziel dieser beiden Arten zu üben, ist im Grunde das gleiche: Wir wollen uns aus einer Welt des Getrennten in eine Welt der Verbindungen, aus einer allzu alltäglichen Welt in eine frische Welt und aus einer Welt, in der wir zum Rätsel geworden sind, in eine Welt bewegen, die uns zutiefst kennt.

Um unsere übermäßige Emotionalität aufzulösen, ist es notwendig, zunächst zu bemerken, dass wir dergleichen haben. Sie mögen den Standpunkt vertreten, dass jeder Ausdruck Ihrer Gereiztheit oder Ihres Ärgers eben einfach so sein müsse. In diesem Falle gibt es nichts zu üben. Sollten Sie aber vermuten, dass Ihr Ärger bisweilen über das Ziel hinausschießt oder dass Ihre Sorgen und Ihr Neid ein wenig überzogen sind, und Ihre Emotionen Ihnen schon verdächtig bekannt vorkommen – dann haben Sie eine Basis dafür, um mit ihnen zu spielen und herauszufinden, wie sie verwandelt werden könnten.

Wir wollen einmal annehmen, dass 90 Prozent Ihres Ärgers unvermeidbar ist, gerechtfertigt und in Stein eingeschrieben. 90 Prozent davon, die Götter würden zustimmen, sei vollständig rechtens und gut. Aber da bleiben noch 10 Prozent, mit denen man spielen kann. So wollen wir unsere Experimente gerade mit diesen 10 Prozent des Ärgers machen, die Sie umwandeln wollen.

Hier ist ein Weg, wie man damit anfangen kann. Denken Sie an eine Zeit zurück, als Sie ärgerlich waren. Rufen Sie sich die Umstände genau ins Gedächtnis zurück. Stellen Sie sich die Menschen und Dinge vor Augen, die Sie umgaben und offensichtlich die Ursache für den Ärger waren. Fühlen Sie ihn körperlich wieder. Zählen Sie sich innerlich die Ursachen für Ihren Ärger auf. Mit anderen Worten, zögern Sie nicht, den gleichen Ärger noch einmal in sich zu erzeugen. Tauchen Sie ein zweites Mal in diese Gefühlserfahrung ein.

Wenn es Ihnen gelungen ist, das Gefühl wieder zu haben, lassen Sie die «Gründe» fallen. Sie haben den Ärger wieder erweckt, indem Sie die Gründe aufgezählt haben; nun lassen Sie sie einfach wegfallen. Anstatt dem Ärger dauernd Nahrung zu geben, untersuchen Sie ihn einfach, innerlich wachsam. Finden Sie heraus, was er *ist*. Sie werden vielleicht bemerken, dass bestimmte Körperempfindungen da sind, dass sich in der Kehle oder im Bauch etwas zusammenzieht. Aber das ist nicht der Ärger, auch keiner der Gründe ist der Ärger. Sie sind ein Teil der Ärger-Erfahrung, aber nicht der Ärger selbst. Sie sind dabei, dieses dritte Element zu suchen, das Gefühl selbst, abgesehen von den Körperempfindungen und den Gründen für den Ärger.

Das ist eine innere Arbeit, die Feingefühl erfordert, und ein Kunststück, wie wenn man Fische mit bloßen Händen fängt. Es kann passieren, dass das Gefühl in dem Moment, wo Sie beginnen, verschwindet. Sie werden vielleicht bemerken, dass Sie nicht wissen, «wohin» Sie innerlich «schauen» müssen. Unter Umständen müssen Sie den Ärger noch einmal erwecken durch Wiederherstellung der körperlichen Spannung und der Gründe für ihn, um überhaupt Ärger zu haben, den Sie weiter untersuchen können. Wenn Sie Ihre Untersuchung beharrlich weiterführen, werden Sie etwas Seltenes und Ungewöhnliches finden.

Das gefangen gehaltene Gefühl (Ärger oder ein anderes) wird anfangen, sich zu verschieben und zu verwandeln. Es macht so etwas wie einen Schmelzprozess vom Festen zum Flüssigen durch. Es gibt keine Namen dafür. Wir können nicht sagen, was aus dem Ärger wird, nur dass er sich verwandelt. Wir wissen aber, das ist der Ärger, der sich verwandelt, denn wir finden (zumindest kurzzeitig), dass die Stärke des Fühlens unvermindert anhält. Dasjenige jedoch, was wir fühlen, wandelt sich, ändert seine Gestalt und löst sich auf. Es ist kein Ärger mehr. Es ist ein Besucher aus der neuen Ebene des Fühlens.

Das freigelassne Gefühl wird für andere Aufgaben verfügbar. Es kann gereinigt von gleicher Art sein wie die beste Richtung unseres Lebens. Dies war die Möglichkeit, der Langston Hughes in seinem Gedicht *Welle des Kummers* Ausdruck gegeben hat:

Welle des Kummers,
Ertränk mich jetzt nicht.
Ich sehe das Eiland
Noch vorne im Licht.

Ich sehe das Eiland
Und hell ist sein Strand.
Welle des Kummers,
bring mich an Land.[37]

Hier wird das Gefühl zugelassen, uneingeschränkt zugelassen, doch der Blick geht wach zu einem fernen, glänzenden Ziel. Es entspricht der Erfahrung, dass das Gefühl tatsächlich dabei hilft, das Ziel zu erreichen – wenn wir uns nicht von ihm überwältigen lassen. In der Praxis können wir zu diesem Zweck mitten in unserem Kummer, Ärger oder welchem Gefühl auch immer zu einem anspruchsvollen spirituellen Text greifen und uns in ihn vertiefen. Oder wir können dem Rat von John Keats folgen («dann schöpf von Morgenrosen neuen Mut»[38]) und unseren gefühlsschweren Sinn einer Naturerscheinung zuwenden. Wir tun dem Gefühl keinerlei Zwang an, aber wir stellen es auch nicht in den Mittelpunkt; wir lassen es einfach mit anwesend sein, während wir unsere Aufmerksamkeit auf etwas anderes lenken. Je höher das Ziel unserer Aufmerksamkeit angesiedelt ist, umso besser: ein meditativer Satz aus der Bibel oder den Upanischaden, ein Element der natürlichen Welt, ein Musikstück. Dann können wir entdecken, dass die Intensität des Gefühls, das wir zunächst in einer negativen Form festgehalten haben, unsere Fähigkeit zu verstehen unglaublich steigert.

Es war unmittelbar nach einer Ablehnung, die ich auf eine Bewerbung für eine Stelle erhalten hatte, als ich zufällig ein Gedicht wieder las, das mir zuvor kaum etwas bedeutet hatte. Jetzt quoll es über von einleuchtendem Sinn. Es war die reine Freude. Zwei Wochen später las ich das Gedicht erneut und fand es wieder so fade wie beim ersten Lesen. Das durch die Ablehnung gesteigerte Gefühl hatte mir – für eine gewisse Zeit – Ohren zu hören gegeben. Durch den Übungsweg machen wir uns willentlich daran, solche Wahrnehmungsorgane zu bilden und sie im Spiel zu halten, ohne dass uns eine bittere Enttäuschung zu Hilfe kommen muss.

Ein anderer mit dem vorigen verwandter Weg zur Auflösung fixer Gefühlsformen besteht darin, sie zu übertreiben, und zwar nicht wie bei der ersten Übung im Nachhinein, sondern im Moment ihres Entstehens in Situationen des realen Lebens. Dies ist ein weiteres Beispiel für Techniken, die man als «Aussteuern, wenn man ins Schleudern gerät» bezeichnen könnte. Gerade so, wie man ein schleuderndes Fahrzeug unter Kontrolle bringt, indem man zunächst der Richtung des Schleuderns nachgibt, dann aber gegensteuert, kann man eine geläufige Emotion intensivieren und sie dann gänzlich fallen lassen.

Wir alle wissen, wie man sich in ein Gefühl hineinsteigern kann. Das beherrschen nicht nur Leute, die es sich zur Methode gemacht haben. Wir brauchen weiter nichts zu tun, als an die berechtigten Gründe zu denken, die wir für das Gefühl haben. Wir malen uns die Situation aus, die es verursacht, und stellen uns die Konsequenzen vor Augen; wir lassen uns durch nichts davon abbringen. Die Emotion wird wachsen. Sind wir zum Beispiel gereizt, weil der Aufzug so langsam ist, so können wir unseren Ärger steigern, indem wir uns denken: «Diese Soundsos! Die geben so viel Geld für Anzeigen aus, und dann kümmern sie sich nicht mal darum, dass das Haus, in das sie uns gelockt haben, auch instand bleibt. Die können einen Mann auf den Mond transportieren, aber einen anständigen Aufzug bringen sie wohl nicht zustande? Und die gemeinen Leute hier drinnen drücken immerzu die Knöpfe zur falschen Etage, dadurch geht's noch langsamer. Die blöden Leute unten stehen im Eingang und halten ihn zu lange auf ...» (Wir sollten die übertriebene Emotion nur nicht nach außen zeigen, denn das wäre das Ende der Gelegenheit zum Üben.)

Wenn sich das Gefühl ein wenig gesteigert hat, halten

wir den Zug der Gedanken an, die es gerechtfertigt haben, und wenden unseren Blick dem zu, was übrig geblieben ist. In dem ersten Moment der nun folgenden inneren Stille erforschen wir unser Innenleben. Dazu muss jeder für sich die Methode erfinden, wie man innerlich «umherschaut», natürlich nicht in unserem Körper, sondern im Herzen und im Geist. Wenn alles gut geht, werden wir entdecken, dass sich die ursprüngliche Gereiztheit zusammen mit ihrem übertriebenen Bruder aufzulösen beginnt. Wir bleiben sozusagen mit leeren Händen zurück: die ursprüngliche Gereiztheit, die so real erschien, ist eine Fähigkeit zu fühlen geworden. Wie in der vorherigen Übung kann nun diese Fähigkeit bewusst einem Objekt zugewendet werden, das des Fühlens wert ist: einer Naturerscheinung, einem meditativen Satz oder der möglichen Begegnung mit einer Person aus unserem Umfeld.

Bei der ersten der beschriebenen Übungen wurde mit einem vorgestellten oder erinnerten Moment von ausgeprägter Emotionalität gearbeitet. Die zweite wirkte durch absichtliche Übertreibung einer emotionalen Situation des realen Lebens. Die dritte geht weiter in die Erfahrungen des täglichen Lebens hinein. Eine Zeit lang verzichten wir bei unserem Umgang mit anderen Menschen einfach darauf, Gefühle innerlich oder äußerlich zu übertreiben. Wenn wir uns selbst sorgfältig beobachten, bemerken wir, dass unsere Gefühle sozusagen von vornherein übertrieben sind, noch bevor wir etwas mit ihnen tun. Zum Beispiel sind wir total entsetzt, dass unser Kind mit der Schere eine Seite aus dem Telefonbuch herausgeschnitten hat. Nun, es hat das tatsächlich schon bei früherer Gelegenheit öfter gemacht. Es ist verständlich, dass wir darüber etwas ärgerlich sind, aber der innere und äußere Ton unseres Entsetzens und Empörtseins ist ein Beispiel dafür, wie sich Emotionalität selbst rechtfertigt, die in Wirklichkeit ziemlich unbegründet ist. An diesem überschüssigen Teil der Emotion, dem übertriebenen Teil, wird in der Übung gearbeitet. Wir bemerken ihn, fühlen ihn und lassen ihn fallen. Das hat so etwas wie die Rückkehr einer verlorenen Kraft zur Folge – die Indianer nannten es «unseren Geist zurückrufen». Der Überschuss an innerem Leben (was ich das «Extra» genannt habe) hatte sich in der Emotion verloren, nun findet er zu uns zurück. Er wird wieder zu unserer Fähigkeit, Acht zu geben, er verwandelt sich wieder in Liebe.

Das waren bisher alles Übungen zur Umwandlung von übertriebenen oder negativen Emotionen. Wir wenden uns nun einer anderen Übungsart zu, die sich direkt im Bereich des Fühlens betätigt und eine Art der Wahrnehmung erübt, die wir normalerweise nicht kennen oder nur als Randerfahrung bei anderen Bewusstseinsfunktionen haben.

Wir können mit dem Staunen beginnen. Es ist keine normale, auf unser isoliertes Selbst gerichtete Emotion, sondern eine Seelenhaltung, die uns zum Guten hin öffnet. In der heute gängigen Kultur, die allgemein dazu tendiert, die Welt auf schon Bekanntes zu reduzieren, wird es selten dargestellt. Wirkliches Staunen kann man nur durch eine Steigerung aufrufen, durch eine Haltung, die in Betracht zieht, dass es da etwas mehr als das schon Bekannte geben könnte (und dass dieses «etwas mehr» gut ist).

Wir benötigen ein Objekt für das Staunen. Es könnte eine Person sein, aber für Erwachsene sind Steine, Pflanzen, Tiere, Qualitäten (wie Aufrichtigkeit), Fähigkeiten (wie musikalisches Können) oder Taten (großzügige oder aufopferungsvolle) am geeignetsten. Zum Beispiel könnten wir am Himmel auf die Wucht herannahender Regenwolken achten und dem Erstaunen über diese Erscheinung Raum geben: wie sie heraufschweben, dass sie so viel Wasser fein verteilt halten können, einen Eindruck von Großartigkeit oder Leichtigkeit vermitteln, oder wir betrachten das Wunder des gesamten Wasserkreislaufes von der Wolke über den Fluss zum Meer und zurück. Was haben wir für ein Universum, das solche Schönheiten besitzt!

Bei dieser Art nachzudenken ist es nicht unser Ziel, in eine wissenschaftliche Analyse des Phänomens einzutreten, sondern bei ihm selbst zu verweilen. Unsere Gedanken sind damit beschäftigt, das Fühlen des Wunderbaren zu stützen; sie sollen das Phänomen in keiner Weise definieren oder abgrenzen. Aber sie könnten uns klarmachen, dass wir diesem nicht im Geringsten näher kämen, wenn wir die Tonnage des Wassers in den Wolken genau kennen oder zu ihnen hochfliegen würden. Sie können zu uns sprechen, da wo wir sind.

In solchen Momenten kann eine neue Art des Fühlens ans Licht kommen. Es hat die Tendenz, sich dann einzustellen, wenn wir wahrhaft enthusiastisch (aus dem Griechischen *en theo* – «in Gott») und wahrhaft interessiert an dem Phänomen sind. Es wird mit Sicherheit nicht kommen, wenn wir uns gerade fragen, ob wir auch alles richtig machen. Das Kennzeichen dieser neuen Wahrnehmung ist, dass wir die Wolken *fühlen*, ihre Bedeutung fühlen. Wir verstehen, dass sie etwas «sagen», in einer Sprache, deren Bedeutungen zu gewaltig sind, als dass menschliche Worte sie fassen könnten. (Wir werden im Kapitel «Sich öffnen» auf die Sinneswahrnehmung als Meditation zurückkommen.)

Ein weiteres mögliches Objekt für Staunen kann jede Fähigkeit im Bewusstsein sein, etwa das Denken selbst. Man kann so vorgehen, dass man vertieft nach den Quellen der gerade betrachteten Fähigkeit fragt und sich selbst aufrichtig Antwort gibt. Wir können uns zum Beispiel fragen, wie es uns gegeben ist, eine Gedankenfolge in Bewegung zu setzen und wieder anzuhalten. Was verleiht uns die (nicht unfehlbare) Sicherheit, dass wir etwas verstanden haben? Und woher haben wir die (unfehlbare) Sicherheit, etwas *nicht* verstanden zu haben? Und wie wir so nachsinnen und staunen, mögen wir zu der Einsicht kommen, dass das Denken ebenfalls mittels des Fühlens verläuft. Unser Empfinden sagt uns, dass unser normales Denken von diesem Fühlen begleitet und mit sicherer Hand geführt wird. Das Empfinden, begleitet zu werden und beim Denken aktive Hilfe und Orientierung zu bekommen, kann sehr stark werden. Das führt zu einer neuen Frage: *Wer ist es, der denkt?*

Wenn wir es üben, Staunen, Verehrung und Dankbarkeit (siehe das letzte Kapitel «Danken») intensiv heranzurufen, arbeiten wir im Bereich des Fühlens. Das ist eine Form des Verstehens, und wenn wir sie ausüben, führt das zu immer weiterem und neuem Verstehen. Wie bei jedem Üben kann man Probleme und Abwege verhältnismäßig leicht beschreiben, jedoch für einen erfolgreichen Verlauf nur freilassende Vorschläge unterbreiten. Für Schwierigkeiten gibt es zwei Quellen. Zum einen ist jeder Moment beim Üben individuell und erfordert von jedem Einzelnen Erfindungsgabe: die reine Wiederholung eines Modells (auch des hier dargestellten) wird niemandem helfen. Zum anderen stellen die betreffenden Erfahrungen eine Einheit dar: sie können nicht in Worte gefasst werden, denn Worte tendieren zur Welt der Dualität hin.

4

Wie werden wir von Leidenden zu Erfindern?

Lieben

Die Richtung zum Guten hin ist uns nicht durch die Zivili-
sation künstlich aufgepfropft worden, sie ist tief in unserem
wahren Sein verwurzelt. Oft wird diese positive Sichtweise
von uns übergangen. Doch stellt unser zynischer oder
weltmüder Lebensstil eine höchst oberflächliche Show dar,
verglichen mit dem Optimismus, der die Grundlage dafür
ist, dass wir nicht aufhören zu sprechen, zu hören und zu
lesen. Wir können uns dieser weitgehend unbewussten
Liebe stärker bewusst werden und sie zu immer größerer
Evidenz bringen.

Wir vertrauen dem anderen Fahrzeug auf der Autobahn.
Wir vertrauen den anderen Personen im Aufzug. Wir haben
das Vertrauen, dass es sinnvoll ist, etwas zu sagen – auch
dann, wenn wir nur klagen wollen. Wir vertrauen darauf,
dass uns die Kassiererin das Wechselgeld richtig herausgibt
(wenigstens meistens). Wenn wir den Halt verlieren, den
diese grundlegende Einstellung vermittelt, wenn wir diesen
Optimismus, den wir fast niemals bemerken, fast permanent leugnen – dann beginnen wir gefühlskrank zu werden.
Wenn wir jedoch diese Haltung mit ihrer grundsätzlichen
Bedeutung intensivieren, finden wir zu uns selbst in der
Liebe.

Liebe ist zuerst einmal Vertrauen zu dem Guten und
dann ein Achten auf das Gute. In dem Maße, wie unsere
Positivität wächst, nähern wir uns mehr und kreativer dem
Guten. Sämtliche Fähigkeiten, die wir bis jetzt besprochen

haben, sind von dieser Qualität abhängig. Sie durchdringt jeden Schritt auf dem Stufenweg. Denken, Tun und Fühlen zeigen verschiedene Seiten davon, wie die Liebe tätig ist. Sie hängen von ihr ab, sie ist ihre Quelle.

Denken ist, bei einem gegebenen Thema flink die nächstliegende Wahrheit zu beleuchten und gleich zum nächsten Bedeutungsmoment weiterzueilen, als sei es in Liebe zu dem, was erst noch verstanden werden soll. Der Weg wahrer Liebe mag uneben sein, aber der Weg wahren Denkens verläuft reibungslos. Es hält sich nicht träge bei dem schon Gedachten auf, sondern schießt vorwärts, manchmal stolpernd, so wie ein Liebender zu seiner Geliebten eilt. Denken, das diesen Namen verdient, hält sich nicht abseits von seinem Objekt, sondern taucht voll darin ein. Es ist dann nicht mehr ein Denken *über* etwas, sondern ein Denken *des* Gegenstandes selbst, der gedacht wird. Es liebt sein Thema, verschmilzt mit ihm, wird mit ihm eins und bringt mit ihm (in gewissem Sinne) Nachwuchs hervor. Deshalb bedeutet in der Bibel «erkennen» das sexuelle Beieinander («... und Adam erkannte Eva», 1. Mose 4,1). Das vollständigste Erkennen ist ein totales Umschlingen, ein Kontakt, der Neues hervorbringt: Liebe.

Barbara Ann McClintock, die spätere Nobelpreisträgerin für Biologie, belegte als junge Studentin in den Dreißigerjahren des vorigen Jahrhunderts einen Geologiekurs und verliebte sich dabei in die Felsen. Ihre Biografin Evelyn Fox Keller[39] berichtet über ihr Abschlussexamen in diesem Kurs, dass sie ein Examensheft nach dem anderen mit ihren Erkenntnissen füllte, so vollständig und freudig ging sie in dem Projekt auf. Als sie fertig war, schloss sie das letzte Heft und stellte fest, dass sie ihren Namen noch nicht auf den Umschlag geschrieben hatte – und sie konnte es nicht mehr, denn sie hatte ihren Namen vergessen. Sie war, wenn wir so wollen, in ihrem Thema verschwunden. Alles an ihr war Felsen geworden. Es brauchte eine Viertelstunde, bis sie so weit in die Behausung ihres Körpers und in ihre Biografie zurückgekehrt war, dass auch ihr Name wieder da war. Das ist Denken: Es findet das Gute und vergisst sich selbst. Es ist Liebe in der Form der selbstlosen Anwendung auf ihr Objekt.

Wenn wir mit unseren Gliedmaßen etwas vollkommen aufmerksam tun, durchlaufen wir einen ähnlichen Vorgang. Er stülpt uns um, sodass das Empfinden, «hier drinnen» zu sein (eingeschlossen in der Haut) und die Welt «dort draußen» (abseits von uns) zu erleben, für Augenblicke einem mehr ausgedehnten Zustand weicht. Wir treffen das oft bei Künstlern und Athleten an, die fühlen, dass ihr Tun weniger von ihnen selbst kommt als durch Teilnahme an dem Geschehen der Welt. Eugen Herrigel berichtet in seinem Buch *Zen in der Kunst des Bogenschießens* über seinen Zenmeister den Ausspruch: «Ich aber weiß, dass nicht ‹ich› es war, dem dieser Schuss angerechnet werden darf. ‹Es› hat geschossen und hat getroffen.»[40] Die Fähigkeit, sich zu versenken, ist das Hauptmerkmal von dem, was Mihalyi Cziksentmihalyi «Fließen» nennt, d.h. der optimalen menschlichen Erfahrung. In jeder Art von Aktivität liegt die Möglichkeit, dass der Handelnde zu dieser Erfahrung kommt, und damit hängt ein großer Teil der Liebe zusammen, die Künstler für ihre Kunst, Athleten für ihren Sport und Studenten für ihre Fachrichtung haben. Umgekehrt ist Liebe zum Tun sehr wichtig, damit es zum «Fließen» wird.[41]

Dieses Fließen ist Tun, und es bringt uns nahe an die Quellen von jeglicher Bewegung. In jeder Handlung, die mit voller Konzentration getan wird, geschieht das Wunder dieses grundlegenden Könnens erneut. Wir erfahren, dass der Wille etwas leisten *kann*, dass er unsere Gliedmaßen bewegen *kann*, dass er uns einerseits gegeben ist und uns andererseits dazu einlädt, über uns hinaus zu wachsen: das alles ist eine Form der Liebe.

Als erfahrene Wissenschaftlerin erklärte Barbara Ann McClintock ihre unheimlich genauen Einsichten in die Natur der Maispflanze mit den Worten, dass sie ein «Gefühl für den Organismus» zu entwickeln gelernt habe. Wie sie so in ihrem Labor in Cold Spring Harbor gesessen habe, sei ihre Aufmerksamkeit hinunter in die Küvette ihres Okularmikroskops gezogen und herumgeschwommen in dem Zytoplasma der Zellen, die sie untersuchte. Daher konnte sie fühlen, welche Vorgänge sich abspielten, und später bestätigten Experimente ihre grundlegenden Entdeckungen.

Das ist Fühlen: Durch eine Intensivierung des Denkvorganges, durch tieferes Eintauchen mit größerer Aufmerksamkeit fühlen wir unseren Weg zu neuen Wahrheiten über das untersuchte Objekt. Darin zeigt sich eine Liebe zur Welt, die nicht auf Nützlichkeit orientiert ist, nicht manipuliert werden kann und durch die die Welt zum Antworten eingeladen wird.

Eines der Beispiele, die Steiner vorzugsweise für eine solche Liebe anführte, ist die persische Legende von einem Meister, der mit seinen Schülern auf der Wanderung ist. Sie kommen auf dem Weg an dem verwesten, Ekel erregenden Kadaver eines Hundes vorbei. Die Schüler wenden sich voller Ekel ab. Der Meister jedoch geht zu dem Kadaver, schaut ihn ruhig an und bemerkt dann: «Was für wunderschöne Zähne.»

Diese Liebe oder Positivität ist nicht blind. Der Meister sieht natürlich die ganze Hässlichkeit, die den Schülern so auffällt. Doch seine Aufmerksamkeit begibt sich schnell auf die Suche nach dem Guten. Es geht ihm nicht darum, das Hässliche schön zu finden, sondern die vorhandene Schönheit zu schätzen.

Richtig geübt enthalten die Fähigkeiten des Stufenweges zwei eng miteinander verbundene Arten der Selbstlosigkeit, die man aber begrifflich auseinander halten kann: den Verzicht und die Aufnahmebereitschaft. Einerseits muss man im Augenblick auf das Erreichte verzichten können. Der Ausdruck «du kannst nichts mitnehmen» erhält hier seine eigentliche Bedeutung. In diesem Fall geht es nicht um den Besitz, den man nicht nach dem physischen Tode behalten kann. Vielmehr geht es darum, dass man nicht versuchen sollte, Früchte des Augenblicks behalten zu wollen, wenn dieser in den nächsten Augenblick hineinstirbt. Wir machen die Erfahrung, dass wir nichts halten können, weder die vorherige Einsicht noch den guten Moment des Gelingens von eben oder das vergangene wahrnehmende Fühlen. Wir können sie nicht mit in die nächste Nanosekunde hineinnehmen. Unser normales Selbstempfinden aber ist gerade aus dem Behalten zusammengesetzt: Wir schauen in den Spiegel und sehen immer den, der wir bereits geworden sind, Geschöpfe der Vergangenheit. Lieben heißt, von dieser unaufhörlichen Habgier abzulassen und permanent in einem Prozess des Abgebens aller Schätze zu leben. Das ist einschneidender als viele anscheinend großen Gesten von Verzicht und Entgegenkommen (die auch aus egoistischen Beweggründen stammen können), ist jedoch ihre wahre Grundlage, falls sie echt sind. Diese Art von Liebe lebt in der Mikrogeste, innerhalb des Bewusstseins selbst.

Andererseits ist für ein solches Lieben auch auf der empfangenden Seite eine Selbstlosigkeit erforderlich: Die Seele muss Platz machen für das andere, damit es als das *andere* erscheinen kann. Bei Rainer Maria Rilke gibt es ein Gedicht *Der Schauende*»,[42] in dem er darstellt, wie wir kämpfen müssen, um überwältigt zu werden von dem Neuen und besonders dem Heiligen: «Wie ist das klein, womit wir ringen / was mit uns ringt, wie ist das groß.» Nach seiner Einsicht besteht die Leistung Jakobs bei seinem Kampf mit dem Engel im *Unterliegen*. Von einer Gottheit überwältigt zu werden heißt, unendlich mehr zu gewinnen, als man je erwarten konnte. Über den Schauenden schreibt Rilke: «Die Siege laden ihn nicht ein. / Sein Wachstum ist, der Tiefbesiegte / von immer Größerem zu sein.»

Diese Seite des Liebens erschreckt am meisten und ist am wenigsten glaubhaft, erscheint sogar unmöglich, und geschieht doch jederzeit. Auf dieser Grundlage verläuft das tägliche unbewusste Lernen. Wie oft sagen wir von anderen, «sie ist gewachsen», «er ist jetzt weiser», «sie haben einiges gelernt», und das heißt zugleich, dass sie sich nolens volens einnehmen ließen von einer größeren Wahrheit als der, die sie früher verkörperten. Um jegliches Lernen herum können wir die Fußspuren dieser selbstlosen Liebe bemerken.

Steiner sagte, dass in den Stürmen und dem Aufruhr der Seele das Denken wie ein Leuchtfeuer einen sicheren Punkt darstellt. Freud fühlte das ebenso, nur nannte er es eher Bewusstsein als Denken. Beide waren sich darüber im Klaren, dass die Aufmerksamkeit eine rettende Gnade ist. Sooft wir auch unser Inneres für unzureichend halten oder an unseren Fähigkeiten zweifeln, bleibt uns doch das grundlegende Vertrauen darauf erhalten, dass wir verstehen können, außer in Fällen von echtem Wahnsinn. Wie am Anfang ausgeführt, verlassen wir uns jederzeit auf unser *aktuelles* Denken, auch dann, wenn wir Zweifel am vorangegangenen Denken haben. Wenn wir das Denken für nutzlos erklären, erklären wir zugleich unabsichtlich, dass es in vollkommener Weise funktioniert, denn wir verlassen uns auf unseren gegenwärtigen Gedanken, dass das Denken nutzlos sei.

Dieses Vertrauen ist auch dann nicht zu erschüttern, wenn es unbemerkt bleibt, und gilt nicht einem Ding, sondern einer Fähigkeit. Deshalb ist es genau genommen ein Vertrauen in nichts. Denn es gründet sich nicht auf diese oder jene Einsicht, sondern darauf, dass wir verstehen *können*. Genau das Gleiche gilt auch für das Fühlen und das Tun. Unser Vertrauen gründet sich nicht auf ihre Resultate, sondern auf ihre Kompetenz – auf die einfache Tatsache, dass es sie gibt. Und diese Tatsache ist uns geschenkt: Niemand rührt einen Finger, um sie sich zu verdienen. Wir erwachen zum Selbstbewusstsein und entdecken, dass wir etwas können, Erstaunliches können: Denken, Fühlen, Tun. Aristoteles wird gern mit dem Satz zitiert, dass die Philosophie mit dem Staunen beginnt, aber dann wird oft angenommen, Staunen sei leicht. Doch es ist typisch für uns, dass wir das Kunststück des Staunens und der Ehrfurcht nach unseren ersten Lebensjahren verlernen. Zu dem Zeitpunkt, wo wir das Selbstbewusstsein erlangen und die Funktionen des Bewusstseins – Denken, Fühlen, Bewegen, Träumen, Wahrnehmen, innere Bilder, Gedächtnis – auch nur zur Kenntnis nehmen, sind wir schon nicht mehr empfindsam genug, um ihnen gegenüber Ehrfurcht zu haben.

Der Boden, auf den sich unsere Stabilität gründet, ist somit unsichtbar, kann nicht berührt werden, hat keine Stimme und keinen Geruch – und ist doch reichhaltiger, lebendiger und sogar (könnte man sagen) «irdischer», als alles Genannte. Liebe ist nicht sentimental, sondern hält sich zutiefst in Bereitschaft. Das Leben hat uns (ohne unser Verdienst) mit der Gabe ausgestattet, bereitwillig auf anderes eingehen zu können, an uns liegt es, sie frisch zu erhalten oder auch nicht.

Die Beispiele aus dem Leben von Barbara Ann McClintock zeigen, dass das, was wir über die Liebe gesagt haben, von einem anderen Standpunkt aus Aufmerksamkeit ist. Wir sagen von Kindern, dass sie unsere Aufmerksamkeit brauchen – und meinen damit unsere Liebe. Und wenn wir ein Buch lieben, bemerken wir, dass wir einsteigen können in es, in ihm bleiben können, uns in ihm zu Hause fühlen.

Anderenfalls werden wir wohl unseren Blick und unsere Aufmerksamkeit von ihm abwenden. Wenn wir «verliebt» sind, ist die oder der Geliebte alles für uns, und wir bemerken niemand anderen. Wir sind fasziniert, von ihm oder ihr eingenommen. Wenn unsere Liebe nicht so besonders groß ist, wandern unsere Augen vom gegenwärtigen Partner weg zu einem anderen Gespräch, und wir wünschen uns, wir wären dort.

Normalerweise ist in unserem Bewusstsein ausschließlich dieses oder jenes, nicht aber die Aufmerksamkeit selbst, die doch dieses oder jenes bemerkt hat. Und wenn wir versuchen, unsere Aufmerksamkeit auf die Aufmerksamkeit zu richten, haben wir wieder das gleiche Problem, denn was wir da ins Blickfeld bekommen, ist bestenfalls ein vergangener Vorgang der Aufmerksamkeit oder die bemerkten Dinge, jedoch nicht der gegenwärtige Strom der Aufmerksamkeit selbst. Wie wir im Kapitel über das Denken gesehen haben, kommen wir auf dem Schauplatz des Bewusstseins einen Moment zu spät an.[43] Wir verpassen unser gerade jetzt aktuelles Gewahrwerden (von dem unser gegenwärtiges Denken ein Spezialfall ist) und finden stattdessen etwas im Bewusstsein, das wir vorher einmal bemerkt haben. Wir sind gleichsam zur Vergangenheit verurteilt.

Die eigenen Quellen sind dem normalen Bewusstsein unsichtbar. Sie sind nach Kühlewind «überbewusst» – heller als die normale Aufmerksamkeit und außerhalb von ihr.[44] Wenn wir anfangen, unsere Konzentration zu verstärken, kommt dieses Gebiet der Wurzeln oder Quellen immer mehr in Sicht. Es gibt wirklich die Möglichkeit, die Aufmerksamkeit selbst zu suchen und zu finden. Eigentlich ist sie außerhalb der Zeit, aber gleichsam «bevor» sie zu diesem oder jenem wird, dem wir Aufmerksamkeit schenken, tritt sie in Erscheinung. *In* der Aufmerksamkeit, *während* der Aufmerksamkeit gibt es nichts zu beschreiben, denn die Aufmerksamkeit selbst *gleicht* nicht etwas Bekanntem; sie ist nicht eines ihrer Objekte, kein Bild auf einem Grabstein!

Damit kommen wir einerseits in die Nähe des Ausspruchs, dass Gott die Liebe ist. In unsere bisher verwendete Ausdrucksweise übertragen lautet er: *Die Quelle der Welt ist die (überbewusste) Aufmerksamkeit.* Betrachten wir es vom psychologischen Standpunkt, so beginnen wir andererseits zu verstehen, was es heißen könnte, dass wir «zum Bild Gottes und ihm gleich» geschaffen wurden – denn uns ist die Möglichkeit gegeben, durch jeden Akt der Konzentration diese Aufmerksamkeit zu erfahren und zu sein. Johannes Scotus Eriugena, der große irische christliche Mystiker des neunten Jahrhunderts, sagte, dass die Seele im Gebet (das heißt auf dem Höhepunkt ihrer Aufmerksamkeit) ebenso ununterscheidbar von Gott geworden ist wie Eisen in der Schmiede vom Feuer.[45] In jeder Tradition ist man dessen gewahr gewesen, dass die Intensivierung der menschlichen Bewusstheit durch Gebet oder Meditation zur Einheit mit den Quellen des Seins führt.

Rilke fragt: «Wann aber *sind wir?*»[46] Dem Anschein nach sind wir immer, sodass das eine müßige Frage wäre. Rilke will jedoch deutlich machen, dass es Zeiten gibt, in denen das Reale intensiver erfahren wird und wir frisch und mit ehrfürchtigem Staunen gewahr werden, dass wir existieren. Und mehr oder weniger beantwortet er seine eigene Frage damit, dass das nicht durch Sehnsüchte oder Anstrengung, auch nicht durch Liebe im üblichen Sinn geschieht, sondern dann, wenn wir – von «Gott angehaucht» – uns ohne Anstrengung versenken. Er zeigt auch den Unterschied zwischen diesem *Lieben* und der landläufigen Liebe. So wie wir von immer größeren Gegnern besiegt werden müssen, um zu unserer wahren Stärke aufzusteigen, finden wir unser wahres Sein, das Ehrfurchtgebietende an ihm, nur durch unangestrengte Aufmerksamkeit in der Versenkung.

Lieben hat nichts mit Anstrengung zu tun, sondern mit dem Leben, das nach vieler Mühe kommt – mühelos. Es ist nicht schwer. Die Engel werden nicht so dargestellt, dass sie beim Lobpreisen schwitzen, sondern sie geben ihre Gaben freudig. Falls wir seit Adams Verdammung unsere geistige Nahrung «im Schweiße unseres Angesichtes» erwerben sollten, so finden wir doch, dass wir eigentlich schon nicht mehr arbeiten, wenn sie sich schließlich einstellt. In solchen Momenten ist es Sabbath, egal welcher Wochentag gerade ist.

Liebe ist uns am besten zugänglich, wenn wir das Gute ausfindig machen und unser Bewusstsein dahin lenken. Wenn ich in Firmen Management-Kursen gebe, rege ich die Angestellten zu einem Vergleich an, wie oft sie sich über andere Mitarbeiter beklagen und wie oft sie sie loben. Der Ton ist überwiegend vorwurfsvoll. Ich frage dann, wie viel Zeit am Tag mit Arbeit zugebracht wird und wie viel mit der Problemlage – mit dem Manager, der seine Befugnisse überschreitet, mit dem Angestellten, den man des Stehlens bezichtigt. Wenn sie sich ehrlich danach fragen, stellen sie fest, dass mindestens genauso viel Zeit (nutzlos) mit der Problemlage wie mit der Arbeit zugebracht wird. Warum?

Nun, es ist leichter Vorwürfe zu machen, als zu loben. Wenn ich wirklich Lob ausspreche, fällt nichts für mich dabei ab. Es gilt dir. Wie jede Art von Konzentration, sei es auf eine Arbeit oder ein Spiel, ist Konzentration auf das Gute selbstlos. Oder anders herum gesagt: Vorwürfe vermitteln ebenso wie Gefühle ein leicht zu bekommendes (wenn auch illusorisches) Selbstgefühl, und wir haben nun einmal diesen tief sitzenden, unstillbaren und nicht zu verleugnenden Drang, jemand zu sein. Wir geben uns mit dem bequemen Weg zufrieden, immer mit dem bequemen Weg.

Kritik hat natürlich ihre Berechtigung. Wir müssen nicht alles, was uns begegnet, unbesehen akzeptieren. Doch ihren gesunden Platz hat die Kritik nur da, wo sie in Liebe eingebettet ist. Dann hält sich der Kritiker nicht für erhaben über das, was er kritisiert, sondern er betrachtet es mit dem klaren, kundigen Blick eines Gärtners, der Abgestorbenes und Wucherndes wegschneidet.

Durch Konzentration nähern wir uns der Quelle der Aufmerksamkeit. Wir erwachen zu einer Existenz, die nicht an den Körper und das Gehirn gebunden ist. Diese Art von Sein kommt nur über eine unbegrenzt ausgedehnte Orientierung zum Guten. Es kommt über die Liebe.

Die Praxis des Liebens

Die Anekdote über den Meister und den verwesenden Hund mit den prächtigen Zähnen kann uns für den Anfang als Wegweiser dienen. Wir wollen unsere Aufmerksamkeit zum Wunderbaren hin verschieben, und sei es auch nur ein klein wenig. Wir wollen auf diese Weise die dem Erdenleben mit all seinen irdischen Sorgen innewohnende Schwere ausgleichen. Wir wollen es nicht so schwer nehmen. Wir wollen den Ausschlag zum Guten geben.

Eine erste Übung besteht darin, an die Menschen zu denken, die uns am nächsten stehen. La Rochefoucauld, ein geistreicher Kopf im Frankreich des 17. Jahrhunderts, sagte einmal: «Christus mahnt uns, unsere Feinde zu lieben, aber das ist ein Kinderspiel. Wirkliche Größe ist es, seine Freunde zu lieben.» Und tatsächlich ist es nicht so schwer, die schrecklichen Menschen zu «lieben», «ihnen zu vergeben» und sogar «für sie zu beten», von denen wir aus der Zeitung oder dem Fernsehen erfahren. Aber können wir unseren Nächsten und Liebsten die kleinen Dinge verzeihen, die uns wirklich ärgern?

Stellen Sie sich eine Situation aus Ihrem Leben vor Augen, die eindeutig negative Elemente enthält. Sinnen Sie darüber nach; sehen Sie sich die Personen an, die in das Spiel verwickelt sind; lassen Sie es in Gedanken noch einmal ablaufen. Es kommt darauf an, das Vertrackte und die Schwierigkeiten der Situation wirklich zu empfinden. Dann suchen Sie nach dem Guten, das auch in ihr steckt. Noch einmal gesagt, es geht nicht darum, das Kranke, Falsche oder Abstoßende zu beschönigen. Wir sollten nur herausbekommen, ob wir positive Elemente in der Situation auffinden können. Sie sollten wirklich gesehen und nicht ausgedacht werden. Lassen Sie Ihren Blick auf diese guten Elemente so intensiv werden, dass sich Ihr Gefühl für die Situation von Resignation oder Verzweiflung in Zuversicht verwandelt. Sie werden sofort merken, dass die innere Haltung, die Sie jetzt einnehmen, viel offener für Einfälle ist: Sie entdecken Möglichkeiten, wie das Positive in der Situation wachsen könnte.

Ich war Zeuge für eine wundervolle Anwendung dieses Prinzips im Harlem-Krankenhaus. Alle aus dem Mitarbeiterstab wollten, dass Kyanna, ein Mädchen von zehn Jahren mit fortgeschrittenem Aids, in eine Therapiegruppe für Kinder käme, die über ihre Krankheit Bescheid wussten. Ihre Mutter war Alkoholikerin und früher Prostituierte gewesen. In ihrer tiefen Beschämung weigerte sie sich, Kyanna über ihre Krankheit aufzuklären, und wollte auch nicht, dass es einer von uns täte. Das hätte bedeutet, dass man Kyanna nicht in die Gruppe hätte aufnehmen können. Ihr Widerstand und ihre Scham waren nur allzu verständlich, schließlich war die Übertragung der Aids-Krankheit bei Kyannas Geburt geschehen. Nach vielen fruchtlosen Versuchen, die Mutter davon zu überzeugen, dass Kyanna in diese Gruppe aufgenommen werden und damit auch ihre Diagnose erfahren müsste, entschieden wir uns, es ein letztes Mal zu versuchen. Dabei wurde Kyannas Kinderärztin, Elaine Abrams, plötzlich für einen Moment still. Sie schaute mit neuen Augen auf die Mutter. Sie sah in ihr nicht mehr die schwierige Alkoholikerin, die das Wohlergehen ihrer Patientin behinderte, sondern eine gute Frau mit einer unerträglichen Last auf den Schultern. Ihr Widerstand gegen die Aufklärung von Kyanna wurde aus einem äußerst egoistischen Ausweichmanöver zu einer vollkommen verständlichen Äußerung ihrer Liebe zu Kyanna. Elaine legte ihre Hand auf das Knie der Mutter und fragte sie: «Julia, was machst du selbst, um das alles durchzustehen?» Das war ohne Hintergedanken gesagt, hatte aber eine wunderbare Wirkung. Julia weinte eine Weile und stimmte dann zu, dass Kyanna über ihre Krankheit Bescheid wissen und in die Gruppe eintreten sollte. Die kalte Oberfläche des Widerstandes war durch die Wärme von Elaines Liebe geschmolzen.

Als zweite Übung im Lieben wollen wir uns einer problematischen Situation nicht in der Vorstellung, sondern unmittelbar im täglichen Leben zuwenden. Dazu gehört es, vorauszusehen, dass eine bestimmte zwischenmenschliche Situation Schwierigkeiten bringen wird. Wenn sie dann eintritt, legen wir unser Augenmerk auf die Möglichkeiten, auf die von den Kabbalisten so genannten «guten Samenkörner», die in der Situation gleichsam noch schlafen. Solche Elemente müssen wiederum wahrgenommen, nicht ausgedacht werden. Achten wir darauf, ob sich die Situation dadurch anders *anfühlt*, aussichtsreicher erscheint, weniger *mit uns selbst* zu tun hat, ehe wir versuchen, zu ihrer Verbesserung etwas zu sagen oder zu tun. Ist das der Fall, dann sollten wir auch etwas zur Verbesserung sagen oder tun.

Und wie bei den meisten Übungen gehört es zur Praxis dazu, vieles auch *nicht* zu tun. Viel wird durch Zurückhaltung erreicht, durch das einfache Unterlassen der üblichen negativen Urteile und das Aufgeben von stereotypen Reaktionsmustern. Eine Pause, die auf eine innere Geste der Zurückhaltung folgt und die zeitlich kaum ins Gewicht zu fallen braucht, schafft die Möglichkeit für einen schöpferischen Einfall und großzügiges Verhalten. Mein Lehrer, Dr. Richard Fulmer, sagte häufig, dass er bei der Behandlung von Ehepaaren stets auf das «großzügige Angebot» hinzielt. Das ist der Moment, in dem ein Ehemann oder eine Ehefrau sich für den Bruchteil einer Sekunde in die andere Person versetzt und ein Angebot oder einen Vorschlag macht, die außerhalb einer Gegnerschaft liegen. Nach seinen Worten können solche Momente leicht verpasst werden, und sie können wieder verschwinden, wenn sie niemand bemerkt und fördert. Damit das großzügige Angebot wachsen kann und angenommen wird, müssen sowohl der Therapeut als auch das Paar aufhören, Vermutungen darüber anzustellen, wie sich die «Feinde» wohl verhalten werden.

Mit der Zeit werden uns die Wirkungen dieser Übung immer mehr oder plötzlich in Erstaunen versetzen. Wir reagieren anders. Wir sind nicht mehr so leicht zu beleidigen. Wir werden von Leidenden zu Erfindern. Die Menschen um uns herum werden uns wertvoller, ohne dass sie auch nur einen Fehler weniger haben. Wir werden zugänglich für subtile Gegenwärtigkeiten und Vorgänge, die wir vorher übersehen, ignoriert oder vergessen haben. Anstatt uns aus dem Leben in irgendeine Abstraktion des Guten zu flüchten, finden wir, dass der Morgen aus heilender Kraft besteht, und die Zeit selbst neigt sich dichter zu uns und flüstert uns ihre Geheimnisse ins Ohr.

5

Damit wir die Welt überraschen können, müssen wir uns von der Welt überraschen lassen.

Sich öffnen

Wir leben in einer abgeschlossenen Welt. Nichts ist in ihr offen. Niemals wird die Eiche versuchen, ein Pfirsichbaum zu werden und schon gar nicht eine Giraffe, und der Quarz bleibt Quarz. In der Natur gibt es weder Erfindungen noch Fantasie oder Originalität, keine Möglichkeit für Überraschungen, zum Beispiel auch nicht bei den Planeten und Asteroiden. Mit ausreichend Daten kann die NASA sie alle vorhersagen. Die Welt ist abgeschlossen.

Natürlich treten unvorhergesehene Umstände auf. Das Wetter ist berüchtigt schwer vorherzusagen. Die Elche mögen weiter südlich ziehen als jemals zuvor. Manches stirbt aus. Aber all das geht seinen Gang. Sogar solche Singvögel, deren Gesang sich laufend ändert, lernen mit jeder Generation nur geringfügig Neues. Wenigstens im Prinzip ist die natürliche Welt festgelegt.

Das Gleiche trifft für uns zu. Wie oft sind Sie von Ihren Freunden überrascht worden? Unsere Kinder, die uns Angetrauten und wir selbst reagieren in den meisten Situationen mit tödlicher Sicherheit vorhersehbar. Wir lesen die Zeitung und erfahren, dass jedermann in der ganzen Welt genau das macht, wozu er einen Hang hat. Die Schüler im Klassenzimmer oder die Experten in der Zeitung äußern sich fast immer auf die gleiche Weise. Wenn sich auch die Brennpunkte der Welt etwas ändern – menschliche Aggression und menschliches Eigeninteresse, die Zerstörung des Planeten, scheinen konstant zu bleiben.

Irgendwie können wir aber trotz alledem nicht ganz das unbestimmte Gefühl abschütteln, dass etwas Neues aufglänzen könnte. Es ist immerhin möglich, dass wir die Welt überraschen. Schließlich ist der Mensch in der ganzen Schöpfung am wenigsten vorhersehbar und nicht nur Geschöpf, sondern der Möglichkeit nach auch Schöpfer. Irgendwo unter all der Asche glimmt noch ein Funken lebendigen Feuers.

Neues erschaffen erfordert ein neues Sehen. Deshalb besteht die erste Aufgabe bei den Übungen des Öffnens darin, die Verriegelung in unserem Wahrnehmen zu lösen, das heißt den fixierten und endgültigen Charakter der Bilder zu überwinden, die wir uns von der Welt machen. Mit anderen Worten: Damit wir die Welt überraschen können, müssen wir uns von der Welt überraschen lassen.

Wir waren dabei, zum Haus eines Freundes zu fahren, als mein Sohn Rody, damals fünf Jahre alt, verkündete: «Wir fahren zur Schule!»

«Nein», sagte ich, «wir fahren heute zuerst *in Richtung* Schule, aber dann fahren wir weiter zu Steve. Wir fahren nicht zur Schule.»

«Doch doch!» Rody blieb dabei. «Das ist der Weg zur Schule. Wir fahren zur Schule.»

So ging es ein paarmal hin und her. Schließlich sagte ich: «Warten wir mal ab.»

Es kam der Moment, als wir die letzte Biegung zur Schule nicht nahmen, sondern daran vorbeifuhren. Rody sah sich erstaunt und erfreut um.

«Ich hatte nicht Recht!», rief er äußerst vergnügt.

Das ist nun eine Gabe, die wir mit dem Erwachsenwerden verlieren: echte Freude haben zu können, wenn man den eigenen Irrtum entdeckt. Dass wir das nicht können, ist eines der Symptome der Krankheit, die wir als normales Selbstempfinden bezeichnen. Freud bezeichnete das Ego als die dominante Masse der Ideen, und das ist sehr aufschlussreich. Denn es ist die Masse der Ideen, die dominierend wird, nicht wir selbst. Unser so triumphierend und selbstsicher wirkendes Alltags-Ich ist in Wirklichkeit aus alle dem hervorgegangen, was wir für die Wahrheit halten und was uns ohne unser Wissen beherrscht. Mit Freuden beharren wir darauf, Recht zu haben, und es entzückt uns gar nicht, wenn wir uns irren.

Ein eher spielerisches Selbstgefühl mit mehr Weite tritt ein, wenn wir, wie kleine Kinder, eine Riesenfreude daran haben können, unseren Standpunkt kippen und verschwinden zu sehen. Wir können das bei einer Auseinandersetzung ausprobieren. Versuchen Sie einfach einmal, den Gesichtspunkt der anderen Person einnehmen, an ihm Gefallen zu finden und auf Ihren zu verzichten. Sie werden sich wie angeklebt fühlen, werden Ihr übertriebenes Haften am Gewohnten bemerken, das nichts Neues hergibt, und möglicherweise nehmen Sie einen Hauch von der Verlegenheit wahr, die wir alle mit uns herumtragen angesichts unserer lebenslangen Rechthaberei.

Der Übung des sich Öffnens muss die des Liebens vorausgehen. Denn wenn wir eine Art radikaler Offenheit ausbilden, ohne zuvor unsere grundlegende Orientierung zum Guten zu stärken, könnte das Schaden anrichten. Wir wären ungeschützter und verwundbarer noch mehr Schrecken dieser Welt ausgesetzt und würden die trüben Aussichten, die sie verbreiten, für die alleinige Wahrheit halten. Schließlich gibt es immer mehr als genug Schlechtes und Dummheit in der Welt, sodass Verzweiflung gerechtfertigt wäre. Wenn wir uns zunächst die positive Sicht auf die Welt, die von der Liebe kommt, erüben, ist es wahrscheinlicher, dass uns, selbst angesichts von Katastrophen, eine passende Lösung einfällt und wir nicht in Depression versinken.

In der Psychotherapie bin ich immer wieder beeindruckt von der Fähigkeit meiner Patienten, bisweilen ihren gewohnten «Zugriff» auf die Welt aufzugeben und, in einem Aufleuchten von Ganzheit, mit neuen Möglichkeiten aufzuwarten. Eine junge Frau, attraktiv und perfekt, geriet immer wieder in dasselbe Fahrwasser: an jeder neuen Arbeitsstelle flirtete sie mit ihrem Chef und fing ein Verhältnis mit ihm an. Sie sprach über diese Affären mit dem Anschein des Unvermeidlichen, als ob sie einfach geschehen sollten. Ich hörte zu. Die nächste Affäre würde kommen, sie würde sich selbst bemitleiden, schließlich die Stelle verlieren, und dann würde der Kreislauf bei der nächsten Stelle von vorn beginnen. Natürlich versuchte sie auch ihren Therapeuten zu verführen. Ich hörte immer nur zu. Manchmal fragte ich sie nach ihrer Vergangenheit. Sie hatte einen sexuell provozierenden Onkel, der sich möglicherweise an ihr vergriffen hatte, als sie im Kindergartenalter war. Diese Gedächtnisspur schien vielversprechend, aber nichts in der Therapie half gegen die nächste Versuchung bei der nächsten Arbeitsstelle. Inzwischen hatte sie einen Freund

und war immer drauf und dran, ihn zu verlassen. In ihren Augen war er eine miese Ratte.

Und dann, eines Tages, änderte sie ihren Sinn. Sie kam herein und verkündete, dass sie ihre derzeitige Arbeitsstelle aufgeben und diese Ratte von einem Freund heiraten würde. Von einem Tag auf den anderen (doch es hatte drei Jahre Therapie gebraucht, um diesen Punkt zu erreichen) gab sie ihr bisheriges Verhalten auf und blieb fest. Sie sagte, dass sie an diesem Morgen ihren Freund im Bett angesehen und eine vollständig andere Person erblickt hätte. Es handelte sich nicht um die geläufige Erfahrung, dass man den Ehepartner anschaut und er wie ein Fremder erscheint. Im Gegenteil, sie schaute auf jemanden, mit dem sie sich laufend gestritten hatte, und erkannte ihn als zutiefst liebenswert. Ihren Chef dagegen nahm sie in seinem oberflächlichen Opportunismus wahr.

Jahre später kam sie wieder, und ich hatte dadurch die Möglichkeit, ihr Leben weiter zu verfolgen: eine glückliche Ehe mit der «Ratte», wunderbare Kinder, keine neuen Affären und ein Berufswechsel, durch den ihre kreativen Fähigkeiten besser zur Geltung kamen.

Nur bei den Menschen kann man eine solch radikale Änderung finden. Das liegt daran, dass wir uns öffnen können über unsere gewöhnlichen Vorurteile hinaus. Eine der unglaublichsten Formen dieser Fähigkeit ist das Verzeihen, dieser rare Fall eines neuen Anfangens. Eindrucksvolle Beispiele dafür kann man in dem Dokumentarfilm *Long Night's Journey into Day* sehen, der von der Wahrheits- und Versöhnungskommission (TRC) Südafrikas handelt. Durch die Arbeit dieser Kommission werden Mörder den überlebenden Angehörigen ihrer Opfer gegenübergestellt. Bei diesen Begegnungen gibt es häufig heftige Wutausbrüche. Manchmal jedoch verzeihen Mütter den Mördern ihrer eigenen Kinder. Dies geschieht sicher nicht dadurch, dass sie ihr Leid und ihre Wut verleugnen. In einer Episode gesteht ein Schwarzer, der für die weißen Sicherheitskräfte gearbeitet hat, einer Gruppe von schwarzen Frauen, dass er mitgeholfen hat, deren Söhne zu töten. Sie überhäufen ihn mit Anklagen als Mörder und Verräter. Er gesteht seine Verbrechen ein und bittet um Vergebung. Allmählich, nach vielen Tränen und Gegenbeschuldigungen, machen sie eine innere Kehrtwendung und umarmen ihn. Alle Freunde, mit denen ich den Film sah, fühlten den Schock und den Vorwurf aus dieser Episode sprechen: Könnten wir jemals dem Mörder unserer Kinder vergeben?

Wenn man sich von der Welt abschließt, ist das, wie wir alle wissen, nicht vollständig falsch, sondern nur ein Fall von Übertreibung. Es ist nicht so, dass unsere Grenzen und Gewohnheiten, unser Wissen und Vertrautsein, unsere Vorhersagbarkeit und Beständigkeit etwas Schreckliches wären. Wir brauchen Konstantheit für uns und für andere gerade so wie einen Boden unter den Füßen, der nicht immer wie feiner Sand nachgibt. Wir brauchen für unser äußeres und inneres Leben ein gewisses Maß an Stabilität, wie der Drachen einen Schwanz zur Stabilisierung beim Fliegen braucht. Es ist wirklich wunderbar, wenn ein Baum noch nach vielen Jahren im Garten steht; es ist herrlich, dass zwei plus zwei immer noch vier ist; es ist ein Segen, wenn wir unsere Versprechen halten. Nicht die Unveränderlichkeit der Welt oder unsere Standfestigkeit sind das Problem, sondern dass wir unseren kreativen Funken und den unvoreingenommenen Blick vernachlässigen, die wir so bitter nötig hätten. Mit einem Übermaß an Offenheit würden wir uns in Dunst auflösen. Wenn wir zu wenig davon haben, verknöchern wir. Wir werden dann die unversöhnlichen Opfer unserer eigenen Gewohnheiten.

Für die meisten von uns besteht das Problem in der Verknöcherung. Steiner bezeichnete es als «Vorurteil», als Gefangensein in unseren eigenen Urteilen. Und er betonte, dass Freiheit von solchen Vorurteilen ein wesentlicher Gesichtspunkt für die Selbstentwicklung in Richtung darauf ist, dass man der Welt etwas zu geben hat. Bei sorgfältiger Beobachtung stellen wir fest, dass wir weitgehend abgeschlossen oder mit Vorurteilen behaftet sind, nicht nur in den bekannten «makro»-Vorurteilen, sondern auch in den winzigsten «mikro»-Vorurteilen im Bewusstsein.

Die folgende Geschichte möge als Einführung in die Natur von «makro»-Vorurteilen dienen. Sie handelt von einer Kollegin von mir im Harlem Hospital in New York City, wo ich im Rahmen der Behandlung von Kindern mit Aids arbeitete. Nancy war Afro-Amerikanerin, wie ihre übrige Familie, aber sie hatte eine Cousine, die einen Weißen geheiratet hatte. Nancy und ihre zwei Töchter sahen diesen Mann bei familiären Anlässen häufig – auf Hochzeiten, bei regelmäßigen Treffen und in den Ferien –, und ihre Mädchen kannten und liebten ihren Onkel Sid. Bei einem Grillfest mit der Familie am Strand schwatzten die Mädchen, die damals sieben und neun Jahre alt waren, mit ihm. Plötzlich sah ihn die eine an und sagte: «Onkel Sid! Du bist ja ein Weißer!»

Sie hatten das vorher einfach nicht bemerkt. Was sie von ihrem Onkel kannten, war sein Humor, sein persönlicher Stil – das *bedeutete* er für sie. Sie kannten ihn in seiner Einmaligkeit, nicht in seinen allgemeinen Eigenschaften, und deshalb gaben sie sich nicht damit ab, ihn in eine feste Kategorie wie Schwarz oder Weiß einzuordnen. Unsere «makro»-Vorurteile entstehen bei Gelegenheiten, wo wir anfangen, Situationen oder Personen nach äußerlichen Merkmalen einzuordnen und die spezifischen Bedeutungen, die sie zum Ausdruck bringen, unbeachtet lassen. Es war zwar für die Mädchen vom Alter her an der Zeit, dass sie Sid auch als Weißen erkennen konnten, aber es wäre bedauerlich, wenn sie ihn jetzt *nur* als Weißen sehen könnten.

«Mikro»-Vorurteile funktionieren ebenso, sind aber durchdringender und subtiler. Daher entgehen sie oft unserer Aufmerksamkeit – so oft, dass es schwer ist, Beispiele dafür zu bringen, wie sie arbeiten und was es bedeuten würde, wenn man von ihnen befreit wäre. Tatsächlich durchsetzen sie sämtliche Bewusstseinsfunktionen und vermitteln uns eine ziemlich tote Welt. Wir haben bereits einiges von ihrer Funktionsweise im Zusammenhang mit dem Denken betrachtet: so die Tendenz, bei den vergangenen Produkten des Denkens zu verweilen, statt im Denkprozess selbst gegenwärtig zu sein. Und wir haben auf die Emotionen geblickt, wie sie sich automatisch abspulen, angetrieben immer nur von «ich, ich, ich».

Lediglich gestreift haben wir dagegen bisher die Frage

unserer täglichen Sinneserfahrung, obwohl sie eine überragende Bedeutung unter den «mikro»-Vorurteilen besitzt, da sie unseren gesamten Wachzustand durchzieht. Höchst selten wird sie neu gegriffen. Normalerweise gehen wir davon aus, dass die Welt gerade so ist, wie sie dem Alltagsbewusstsein eines Menschen unserer Zeit erscheint. Oder aber wir überlagern unsere eigenen Wahrnehmungen mit der vermeintlich wissenschaftlichen, jedoch fantastischen Vorstellung, dass die Welt um uns herum «in Wirklichkeit» eine fade Ansammlung von Molekülen und Kräften sei. Diese haben nichts an sich von der Intensität, von der Gefühlskraft einer von Erinnerungen und Bedeutungen gesättigten Welt: kein Kiefernadelgeruch, der uns an eine vergangene Liebe erinnert; kein tiefes Atemholen angesichts einer grandiosen Wolkenlandschaft. Es geschieht selten, dass wir solche Augenblicke, in denen die Welt ein *Mehr* ihres ergreifenden qualitativen Reichtums zeigt, als real anerkennen. Die Weltsicht mit dem wissenschaftlichen Anstrich bringt uns dazu, solche Momente für emotionale Übersteigerungen einer kalten, nüchternen Realität zu halten. Wir befinden uns aber in guter Gesellschaft, wenn wir zu glauben beginnen, dass die Augenblicke einer uns begeisternden Wahrnehmung vielleicht die wahrsten sind.

Der Dichter William Blake fasste diese Ansicht mit den Worten zusammen: «Würden die Tore der Wahrnehmung gereinigt, dann würden wir alles so sehen, wie es ist, grenzenlos.»[47] Dichter und Mystiker ebenso wie archaische Völker haben stets geltend gemacht, dass unsere bloßen Sinne – Sehen, Hören, Riechen usw. – uns einer Welt überantworten können, die viel mehr heiligen Sinn als bedeutungslose Dinge enthält. Und genau das ist es, worauf sich die anspruchsvollen Traditionen beziehen, wenn sie den Ursprung der Welt im Wort sehen – so verkündet es sowohl die jüdische als auch die christliche Heilige Schrift.

Diese Haltung können wir durch eine Art Gedankenexperiment zu erreichen versuchen. Wir rufen uns einen Ort auf der Erde ins Gedächtnis, der uns viel bedeutet, einen Ort, der uns mit Sehnsucht, Melancholie oder Begeisterung erfüllt. Die meisten Menschen sind in ihrem Leben einmal an einen bestimmten Fleck zurückgekehrt und haben erlebt, dass für sie von dem Ort selber eine Bedeutung ausging. Jemand, der hinzukäme, würde den Platz nichtssagend finden oder aber anziehend, jedoch ohne die Anreicherung durch eine vergangene Erfahrung. Er würde ihm nicht viel bedeuten. Stellen wir uns nun einen Stil des Sehens vor, ebenfalls überreich an Bedeutungen, nun aber, wenn ein Ding zum ersten Mal gesehen wird. Die Bedeutungen, die eine Landschaft für einen solchen Stil des Sehens bereithielte, würden sich dann nicht einer vergangenen Erfahrung des Betrachters verdanken, sondern es wären die Bedeutungen, die der Landschaft selbst innewohnen. Stellen wir uns nun vor, dass die ausgedrückte Bedeutung so intensiv erlebt wird, dass der visuelle Sinnesreiz dagegen verblasst – etwa so, als wenn wir ein Buch lesen würden, dessen Geschichte uns so in Bann zieht, dass wir kaum die Seite bemerken, auf der wir gerade sind.

Ein solches intensiveres Sehen, das in den Offenbarungen der Landschaft lebt und nicht in einer Assoziation aus der Vergangenheit oder in einem geläufigen visuellen Bild, wäre ein Sehen, das frei von unseren normalen Vorurteilen ist. Rilke schildert einen solchen Moment des Sehens in seiner Schrift *Erlebnis*. Er erzählt, wie er in einem Zustand vollständiger Entspannung an einem Baum lehnt und nach und nach gewahr wird, dass von einem Baum unmerkliche Schwingungen in ihn übergehen und ihn mit dessen Frieden und Gegründet-Sein erfüllen. Rilke macht nie den Fehler zu unterstellen, dass die Bedeutungen der Natur den uns geläufigen Bedeutungen oder irgendetwas anderem aus dem Gebiet der menschlichen Sprache gleichen. Er ist offen für die Neuigkeiten aus der Natur.

Ein Text, der in anderer Weise für dieses offenere Sehen steht, ist der große erste Teil von Psalm 19, in dem König David mit Gesang und Harfenklang die geschaffene Welt preist:

Die Himmel erzählen die Ehre Gottes,
Und das Firmament verkündigt seiner Hände Werk.
Ein Tag sagt's dem andern,
und eine Nacht tut's kund der andern.[48]

Was hier so beeindruckt, ist das Wortartige von alledem. «Erzählen», «verkünden» und «sagen»: daraus ist die Welt geworden – und das sind alles Formen, die etwas ausdrücken.

David scheint hier zu sagen, dass wir, wenn wir die Tore der Wahrnehmung reinigen, nicht nur eine unendliche und heilige Welt finden, sondern genauer: eine ausdrucksvolle Welt, eine Welt, die Bedeutung offenbart. Von diesem Standpunkt aus werden wir selbst fähig, neue Bedeutung zu schaffen. Und wir erreichen einen solchen Standpunkt nur, wenn wir mit einem Sehen ohne Überstülpung der gebräuchlichen Kategorien beginnen. Wir müssten zum Beispiel das gedankliche Vorurteil hinter uns lassen, dass die Sinne die Welt «da draußen» zu uns «hier drinnen» bringen – zu uns innerhalb unserer Haut. Wir müssten auch das Vorurteil überwinden, dass dasjenige, dem wir im Sehen begegnen, primär ein visuelles Phänomen sei. Wir müssten uns für Momente über die begrifflichen Kategorien hinwegsetzen, durch die wir schon vorher wissen, was *das* ist: eine Baumwurzel, Schneefall, eine Muschel, ein Vogelruf. Wenn wir alles Wissen aus der Vergangenheit zurücklassen, können wir das Gewebe dieser «mikro»-Vorurteile – die so tief sitzen und automatisch funktionieren, dass wir kaum wissen, wie wir sie ausfindig machen, geschweige denn loslassen sollen – auflösen. So können wir der Welt klar und ungehindert begegnen.

Nach einem guten Gespräch mit einem Freund kann es geschehen, dass man nicht mehr weiß, wer genau was gesagt hat und wem eine Idee zuerst aufgegangen ist. Bei beiden hatte sich dann die starke Identifizierung mit dem eigenen Körper und den eigenen Gefühlen aufgelöst. In gleicher Weise bringt uns gutes Sehen in einen Dialog mit der Landschaft, dem Baum, dem Stein, dem Tier, und in gewissen Augenblicken sind wir von dieser Welt nicht weiter getrennt als von unseren eigenen gegenwärtigen Gedanken.

Die Praxis des Sich-Öffnens

Warum sollten wir in unserem inneren Privatleben, in den geheimen Augenblicken, in denen wir unser Herz befragen, nicht auch unsere «makro»-Vorurteile Revue passieren lassen? Welcher Gruppe misstrauen wir als Gruppe? Haben wir Vorbehalte gegen Weiße? Schwarze? Homosexuelle? Frauen? Männer? Kinder? Unternehmer? Arbeiter? Muslime? Juden?

– Es mag sein, dass diese Kategorien für Sie keine Bedeutung haben. Dann versuchen Sie herauszufinden, welche für Sie relevant sind. – Aber zusätzlich zu den Gruppen sollten wir an Menschen denken, die wir «schon kennen» – aus unserem Freundeskreis, aus der Familie oder Kollegen, mit denen zu sprechen uns langweilig oder in anderer Hinsicht unwillkommen ist. Erinnern wir uns und machen wir uns eine – nur für unsere Augen bestimmte – Liste von diesen «makro»-Vorurteilen, die uns (mögen wir es auch gerechtfertigt finden) immer ein wenig abseits halten, ein wenig abschließen.

Rufen wir uns nun eine Person, die wir kennen oder die einer solchen Gruppe angehört, vor unser inneres Auge und stellen wir uns vor, sie sei potenziell offen für neue Seh- und Lebensweisen. Stellen wir uns diese Person als Kind vor, dann als alten Mann oder alte Frau; stellen wir sie uns vor, wie sie durch eine Ungerechtigkeit verletzt wird, wie ihr überraschend ein gutes Geschick widerfährt oder im Augenblick ihres Todes. Sehen wir zu, ob durch diese Vorstellungen ein etwas weniger eingeengtes Verhältnis zu dieser Person entstehen kann. Achten wir sorgfältig darauf, dass wir diese Bildvorstellungen nicht dazu benutzen, unser Vorurteil zu zementieren; geben wir uns versuchsweise einem positiv gefärbten inneren Bild hin. Halten wir die Person, auch wenn wir ihr nicht vertrauen, doch für fähig zum Guten und besonders zum Neuen. Notieren wir uns unsere Erfahrungen.

Wenn Gelegenheit dazu besteht, ist jetzt der nächste Schritt, etwas von der Offenheit, die wir in der Vorstellung gewonnen haben, mit einigen von diesen Menschen Lebenserfahrung werden zu lassen. Können wir in ihrer Gegenwart einen Scherz machen und uns auf ihre Antwort freuen? Können wir etwas Wertvolles von ihnen lernen? Können wir sehen, wie sie leiden? Können wir sie zum Erfolg ermuntern und ihr Bemühen anerkennen? Notieren wir uns auch diesmal hinterher unsere Erfahrungen.

Wir werden bemerken, dass allein schon der Wille, sich anderen gegenüber zu öffnen, unsere gesamte innere Haltung verändert. Anstatt durch die Bestätigung unserer Vorurteile ein voraussehbares (allerdings immer geringeres) Vergnügen zu empfinden, werden wir eine ganz andere Art von Freude kosten können, die nichts mit unserer Zuneigung oder Abneigung zu tun hat. Es ist die Freude an dem Möglichen und Unvorhersehbaren. Es ist ratsam, nicht mit der schwierigsten Person oder Gruppe zu beginnen; nehmen wir uns zunächst die am wenigsten selbstgerechten Vorurteile vor und gehen wir dann unseren Weg weiter.

In einer zweiten Stufe können wir dann diese «makro»-

Übung durch das Unterlassen eines «mikro»-Vorurteils ergänzen – d.h. eines von denjenigen Vorurteilen, die immer dabei sind, wenn unser gewöhnliches Wachbewusstsein über etwas informiert wird. Wir können mit der sinnlichen Wahrnehmung, zum Beispiel beim Vorgang des Sehens arbeiten.

Im ersten Kapitel haben wir besprochen, wie jeder Vorgang des Sehens durch die Begriffe beherrscht wird, die wir mit hineinbringen. Für andere Kulturen und andere Zeitalter sieht die Welt anders aus, als wir sie als Erwachsene heutzutage normalerweise wahrnehmen, weil sie sie nicht mit unseren Begriffen sehen.[49] Ähnliches kann auch beobachtet werden, wenn bei blind geborenen Erwachsenen nach einer Operation die Augen normal funktionieren. Etliche Untersuchungen haben gezeigt, dass diese Menschen die Welt nicht so wie wir sehen, weil ihr Sehen ohne unsere gebräuchlichen Begriffe verläuft.[50] Es verläuft vergleichsweise vorurteilsfrei.

Übungen in Richtung auf eine meditative Wahrnehmung bringen uns nicht zurück zu der Art, wie Kinder, archaische Völker oder blind Geborene sehen, die das Sehvermögen erst als Erwachsene erlangt haben. Gerade der Vorgang, dass wir zu einem neuen Sehen eigenes Bemühen einsetzen, ist es, der alles, was wir erreichen mögen, grundlegend unterscheidet von den Fällen, in denen eine Frische des Wahrnehmens ungewollt, unwillkürlich da ist. Unsere Ausrichtung und unsere Vorbereitung sind ebenfalls verschieden. Und doch gewinnen wir, während wir auf ganz neue Eigenschaften stoßen, zugleich auch einige Aspekte dieser anderen Wahrnehmungsarten zurück. Das ist möglich, weil wir bewusst darauf vorbereitet sind, dass die Welt sich selbst *ausdrücken* kann – dass sie uns ihre heiligen Bedeutungen entgegenstrahlen kann, für die wir normalerweise nicht aufnahmefähig sind. «Ein Tag sagt's dem andern.» Deshalb besteht die Arbeit bei der meditativen Wahrnehmung zuallererst darin, unsere normale Sehweise aufzulösen, die Begriffe, die unser alltägliches Sehen durchsetzen, loszulassen und uns dem zu öffnen, was uns aus der physischen Welt entgegenkommt.

Dies wird uns leichter fallen, wenn wir schon vorher die Fähigkeit des *erkennenden* Fühlens entwickelt haben. Das Denken ist dann in der Lage, Worte und Begriffe wegzulassen, weil eine Empfindung dafür besteht, dass mehr und Wesentlicheres hinter ihnen zu finden ist.

Steiner sagte, dass wir nicht alles, was wir könnten, in der physischen Welt wahrnehmen, weil es einen «Gegenstoß» unserer eigenen Ideen gibt.[51] Dieser besteht darin, dass wir ununterbrochen unsere gewohnten Begriffe auf die Welt um uns herum projizieren. Die Welt strahlt ihre hohen Bedeutungen in unsere Richtung aus, und wir stoßen dagegen mit der gesamten begrifflichen Struktur, die von unserer Sprache, unserer Kultur und unserer Erziehung herrührt. Wenn wir diese Struktur für Augenblicke ausblenden, werden wir deshalb keine unpraktischen Träumer oder gar unzurechnungsfähig und nur noch dazu fähig, stumm zu staunen. Unsere gewohnte begriffliche Struktur springt nur allzu schnell wieder auf ihren gewohnten Platz zurück. Doch für Augenblicke oder kurze

Zeiten der Übung können wir ein wenig mehr stummes Staunen in unserem Leben Platz greifen lassen. Wir werden darunter nicht leiden.

Man nehme ein festes natürliches Objekt, etwa einen Stein, einen Zweig oder eine Muschel. Es ist gut, mit festen Objekten zu arbeiten, denn sie bleiben lange Zeit für das Üben verwendbar. Es ist gut, mit natürlichen Objekten zu arbeiten, denn das Ziel besteht darin, die Wahrnehmung in die Richtung zu vertiefen, in der die eigenen Ideen der Natur liegen, und vom Menschen gemachte Dinge (obwohl sie selbstverständlich aus natürlichen Elementen aufgebaut sind) lenken uns nur ab durch die menschlichen Ideen, die ihnen aufgeprägt sind. Das Objekt sollte nicht durch besondere Schönheit anziehen und auf keinen Fall Gefühlsassoziationen wecken können.

Wir legen das Objekt auf einen Tisch und sehen es uns etwa dreißig Sekunden lang in allen Einzelheiten an. Wir beachten seine Oberfläche, deren Beschaffenheit und Zeichnung sowie ihre Gestalt insgesamt. Wir werden bemerken, dass es für die meisten der wahrgenommenen Details, zum Beispiel subtile Differenzen in der Farbe oder den Konturen, keine *Worte* gibt. Doch haben die Details *begrifflichen Charakter*: *dieses* Etwas sieht genau *so* aus. Wir haben einen begrifflichen Blick auf alles, was wir sehen.

Nun schließen wir unsere Augen einen Moment, um uns neu zu orientieren. Unser nächster Blick wird sehr viel anders sein. Wir öffnen kurz unsere Augen und nehmen den Stein sofort als Ganzes auf – alles von ihm auf einmal, mit den Details, aber wir zählen sie uns nicht mehr alle nacheinander auf. Dieses ganze Sehen sollte nach dem Öffnen der Augen etwa zehn Sekunden dauern.

Wir wiederholen diese zwei unterschiedlichen Blickweisen im Wechsel noch zweimal: die Details des Steines, dann der Blick über den Stein als Ganzen; und noch einmal, erst die Details, dann über den ganzen Stein. Wir sollten darauf achten, ob wir diese zwei verschiedenen Arten des Anschauens tatsächlich durchführen können und die Unterschiedlichkeit auch entgegennehmen. In beiden Fällen tun wir etwas, was wir normalerweise nicht tun, denn wir bleiben bei einer einzigen Wahrnehmung und intensivieren sie. In beiden Fällen reinigen wir die Wahrnehmung von den normalen Vorurteilen und Ablenkungen, die das alltägliche Sehen plagen. Bei der Blickrichtung auf die Details setzen wir den Prozess der Begriffsüberlagerung fort, der jeder normalen Wahrnehmung zugrunde liegt, während wir beim «ganzheitlichen» Blick diese Überlagerung ein wenig lockern und zulassen, dass der Stein uns näher kommt.

Dann gehen wir einen Schritt weiter. Wiederum wechseln wir zwischen zwei Arten, den Stein anzusehen. Der erste Blick wird der kürzere von beiden sein – es genügen fünf bis zehn Sekunden –, der zweite soll länger dauern – dreißig Sekunden oder länger. Beim ersten Blick werden wir genau das übertreiben, was das Problematische am alltäglichen Sehen ist; für den zweiten Blick wechseln wir vollständig hinüber in die andere Sichtweise.

Der erste Blick geht nun sehr stark von uns zum Stein. Wir wissen schon, was der Stein ist. Es ist nur ein Stein. Er ist dort drüben, wir sind hier. Es gibt nichts von ihm zu lernen. Wir könnten höchstens kurz daran denken, dass er für irgendetwas zu verwenden wäre, z.B. als Türstopper oder um damit nach etwas zu werfen. Alles das verstärkt die Art, wie wir die Welt normalerweise abtun, wie sie auf eine tote physikalische Welt reduziert wird.

Der zweite Blick geht gleichsam vom Stein zu uns. Wir stellen uns innerlich darauf ein, alles, was der Stein uns etwa zu erkennen gibt, entgegenzunehmen und zu begrüßen. Wir setzen nichts voraus. Wir blicken mit «sanften» Augen. Wir könnten innerlich zu ihm sagen: «Bitte zeige dich.» Wir versetzen uns in visuelles Staunen. Wir sind bereit, außer Acht zu lassen, wie der Stein bis jetzt ausgesehen hat oder wie er sich bis jetzt gezeigt hat, denn wir begrüßen seine anhaltende Ausstrahlung.

Wiederum führen wir diese zwei Blickrichtungen fort durch mehrere Wiederholungen: wir zum Stein, der Stein zu uns; wir zum Stein, der Stein zu uns. Es sollte wirklich die Differenz, der extreme Unterschied zwischen diesen beiden Arten des Sehens gefühlt werden. In der ersten Art gibt es nichts zu lernen vom Stein; in der zweiten Art gibt es kein Ende dessen, was man von ihm lernen könnte.

Der Stein kann anfangen, anders zu werden sowohl in Bezug auf seinen Anblick als auch darauf, was er zu sagen hat. Er kann anfangen zu fließen und suggestiv zu werden. Er kann sich zu einer Kostbarkeit für uns entwickeln, kann uns teuer werden wie ein geliebtes menschliches Wesen. Er kann größer oder kleiner erscheinen oder durchsichtig werden. Er kann in unsere Mitte rücken, so wie wir uns normalerweise selbst als Mitte und die Welt außen um uns

herum erleben. Bei einem meiner Workshops berichtete ein
Teilnehmer, dass der Stein, ein Kieselstein von unbestimm-
barem Aussehen, «fast unerträglich sinnlich» geworden sei.
Das alles sind Veränderungen in Richtung auf eine größere
Signifikanz. Diese kann unbegrenzt wachsen. Der Stein, der
vorher ein Ding war, gibt sich als Wortartiges zu erkennen:
Vorher sahen wir ihn nur als Ansammlung von Buchstaben
(sinnliche Wahrnehmung); jetzt lesen wir seine Bedeutung.
Zum Schluss der Übung sollten wir unsere Augen einen
Moment schließen, sie dann sanft öffnen und zu unserer
näheren Umgebung aufschauen. Diese ersten Augenblicke
nach einer Wahrnehmungsübung oder nach einer Meditation können uns eine Welt zeigen, die wie gewaschen aus-
sieht (ein Ausdruck von Paul Celan).

Diese Übung kann uns, abgesehen von ihrer Bedeutung
für unser Verständnis der physischen Welt, dabei helfen,
das gesamte Gebiet der Vorurteile aufzuweichen und uns
von ihnen zu befreien, gleich, ob es sich um «mikro»- oder
«makro»-Vorurteile handelt. Der Stein, der Zweig und die
Muschel können sich in ihrer Einmaligkeit zu erkennen geben, genauso kann es auch ein Mensch, den wir bis dahin
in eine Kategorie gepresst haben. Die ersten Übungen in
diesem Abschnitt, mit dem Verhältnis zu Personen, werden
neuerlich gestärkt durch meditative Wahrnehmung. Die
beiden Ebenen ergänzen und verstärken sich gegenseitig.

Von dieser Wechselwirkung profitiert auch eine weitere
Übung. Gegen Tagesende schauen wir auf den Tag zurück
(schriftlich oder im Gespräch mit einem Freund) anhand
der folgenden drei Fragen: Welche Überraschung erlebte

ich heute? Was rührte mich heute an? Was inspirierte mich heute? Die Stimmung der Offenheit, die diese Übung schafft, kann Licht auf den hinter uns liegenden Tag werfen und uns zugleich für das Gebiet, das Schlaf genannt wird, gut vorbereiten.

Durch Übungen, mit denen wir uns öffnen, gehen wir nach und nach flexibler auf Ereignisse, Dinge und Wesen zu. Wir sind nicht mehr so schnell mit einem Urteil bei der Hand, entflammen nicht so leicht im Ärger und werden aufnahmefähiger für höhere Einflüsse und Inspirationen. Was vorher zugeschlossen war, beginnt sich zu öffnen. Ereignisse verlieren ihre harte Oberfläche und werden transparent, beweglich, lassen uns Raum. Wir brauchen weniger Schutz vor dem Leben. Das Vorhersagbare macht dem Unvorherzusehenden Platz. Wir wissen nicht, was als Nächstes geschieht. Wir werden es empfangen. Wir werden es erschaffen.

6

Ist es unmöglich, schon heute für die Hindernisse von morgen zu danken?

Danken

Wir begannen mit *denken,* wir schließen mit *danken.* Ob es nun zwischen diesen beiden Worten eine etymologische Beziehung gibt oder nicht, so existiert doch eine inhaltliche Verbindung zwischen den beiden Handlungen. Wir können dankbar sein in dem Maße, in dem uns bewusst wird, was uns gegeben wird – in dem Maß, in dem wir es denken können. Und wir können umso besser denken, je mehr unsere Gedanken durch Dankbarkeit unterstützt werden. So unterstützt der erste Schritt den letzten, und der letzte bringt uns zum ersten zurück. Der Stufenweg hat keinen höchsten Schritt, sondern ist eine rhythmisch ansteigende Spirale ohne Begrenzung nach oben hin.

Bei der Praxis des Stufenweges geht es immer um die Wendung weg von der Vergangenheit, hin zum gegenwärtigen Augenblick und zur Zukunft. Während beispielsweise normales Denken mit seiner eigenen Vergangenheit zufrieden ist und nur seine eigenen Produkte aus der Vergangenheit bemerkt, haben wir uns hier für den gegenwärtigen Augenblick interessiert, in dem das Denken von selbst erblüht. Während die normale Wahrnehmung mit der schon bekannten Welt zufrieden ist, die dem Beschauer gegenübersteht, waren wir daran interessiert, uns einer fließenden Welt zu öffnen, die sich von neuem für uns ausdrückt. In gleicher Weise verläuft der sechste Schritt auf dem Stufenweg, das Danken. Wir erstreben das Danken, die Dankbarkeit nicht nur für das uns bereits Geschenkte, sondern auch für das, was gerade im Entstehen ist, und für das, was noch kommen soll.

Wenn wir dankbar für etwas sind, wird es in diesem Augenblick frisch wie eine Neuschöpfung, sogar dann, wenn es schon lange vorher da war.

Als unser erster Sohn noch ein Kleinkind war, kam ein Freund zum Spielen zu ihm und griff einen Spielzeugtruck heraus, den Asher lange links liegen gelassen hatte. Als der Freund anfing, damit zu spielen, kam Asher dazu und stellte fest, dass sein altes langweiliges Spielzeug eine neue Anziehungskraft erlangt hatte. Er wollte nicht, dass sein Freund damit spielte, und grabschte es weg. Was mich dabei so beeindruckte, war nicht dieser Moment der Eifersucht, sondern dass Asher noch einige Tage danach an dem Spielzeug eine Freude hatte, als wäre es ganz neu. Die Berührung durch die Aufmerksamkeit seines Freundes hatte wie ein magischer Zauberstab auf den Truck gewirkt. Er brachte ein altes Spielzeug in die Zone der Frische. Vielleicht könnte jeder sagen: «Siehe, ich mache alles neu.» Alles, wofür wir dankbar sind, ist neu im Moment unserer Dankbarkeit, und alles, worauf wir aufmerksam sind, wird dadurch neu.

Wenn wir wollen, dass die Dankbarkeit in unserem Leben zunimmt, ist es sicherlich der Mühe wert, den Rat unserer Großeltern zu befolgen und dankbar zu sein für alles, was uns beschert wurde. Es gibt unzählige Dinge, Ereignisse und Menschen, für die wir dankbar sein können. Aber dazu wird niemand gezwungen. Im Gegenteil, ebenso wie alle anderen Schritte auf dem Stufenweg der Überraschung ist Danken eine vollständig freie Aktivität. Manchmal dringen wir zwar darauf, dass unsere Kinder «danke» sagen, aber die Dankbarkeit selbst können wir nicht erzwingen. Normalerweise steigt sie in uns auf, oder auch nicht. Wir waren alle schon in der Situation, dass wir «danke» gesagt haben und es nicht meinten, oder dass wir für ein Geschenk ein «danke» gehört haben, das unecht klang. Wirklicher Dank ist keine Anstandspflicht und ist überhaupt keine Pflicht. Er muss keinen Regeln des Verstandes gehorchen. Auch verlangt der wirklich Gebende keinen Dank, er nimmt ihn als ein Gegengeschenk entgegen, wenn er kommt. Wenn Dank wirklich unter dem Wahrzeichen der Freiheit gegeben und empfangen wird, bedarf es häufig keiner Worte. Ein Blick genügt.

Im Jahre 1980 lag ich auf dem Dach eines Novizenhauses, das sich in einem muslimischen Slum in Kalkutta befand. Ich war dort als Freiwilliger bei Mutter Theresas Missionaren der Nächstenliebe und ihrer Arbeit für die Ärmsten der Armen in Kalighat, ihrem Haus für sterbende Mittellose. Den ganzen Tag über sammelten wir die Kranken und Sterbenden in den schmutzigen Straßen von Kalkutta auf, brachten sie nach Kalighat, badeten sie, gaben ihnen zu essen und bekleideten sie. Dann begleiteten wir sie beim Sterben. Es fiel mir auf, dass die von uns gepflegten sterbenden Männer für unsere Zuwendung in einer Art dankbar oder nicht dankbar waren, die weder ich noch die indischen Brüder ganz verstanden. Sie konnten einerseits Gleichgültigkeit zeigen gegenüber dem Essen, das (einstweilig) ihr Leben bewahrte, und dann wieder zu Tränen gerührt und dankbar sein, wenn sie mit einem zusammengerollten

Handtuch aufgestützt wurden. Die extremen Bedingungen von Krankheit und Hunger machten sie empfänglich für die kleinste Berührung oder Geste.

Es war am Ende meiner ersten Woche und ich hatte die Ruhr bekommen. Überall um mich herum schliefen die männlichen Novizen nach ihrem Tagewerk, nachdem sie Arme, Leprakranke und Geisteskranke gespeist und gepflegt hatten. Ich war wach und hatte zwischen den Gängen zur Toilette qualvolle Unterleibsschmerzen. Es war eine ungewöhnlich klare Nacht, und fern oben erstreckte sich die Milchstraße mit ihren unzähligen Sternen. Wie ich dort lag und nur gelegentliche Geräusche von Straßenkämpfen von unten zu hören waren, dachte ich an die Armut und die Krankheiten, die ich überall in Kalkutta gesehen hatte. Meine eigenen Schmerzen – obwohl sie zeitweise schier nicht zu ertragen waren – waren eine Trivialität gegenüber dem unglaublichen Ausmaß des Leidens überall in Kalkutta. Ich dachte an die Dankgebete, die die Missionare sangen und sprachen, und indem ich meine Gedanken den Sternen zuwendete, fragte ich mich im Stillen, wie man dankbar sein kann, wenn die Welt so voller Elend ist. Dann kam mir ein seltsamer Gedanke: Niemand könnte sagen, dass er jemals Gott gedankt habe oder dass er überhaupt jemals dankbar gewesen sei, wenn er nicht auch für das Leiden dankbar gewesen sei.

Da geschah etwas. Ich lag immer noch auf meiner Bettrolle, aber zugleich war ich auch da oben inmitten der Sterne, oder sie waren irgendwie zu mir herabgekommen. Es war ein nie gekanntes Gefühl von Freiheit. Und die Sterne trugen eine Botschaft. Sie war nicht in Worte, ja nicht einmal in Gedanken meines normalen Geistes gefasst. Jetzt in der Rückschau finde ich nur ein Aufglimmen dessen wieder, was mir bedeutet wurde, aber dieses Glimmen scheint wie ein fließender Ausdruck zu sein, immer noch sprechend nach all den dazwischen liegenden Jahren. Er brachte mir die Klarheit, dass man tatsächlich für Leiden dankbar sein kann, zeitweise. Darüber hinaus stellte er das Leiden in einen größeren Zusammenhang – in den Zusammenhang allen Seins. Wir können für die Existenz selbst dankbar sein.

In diesem Kapitel wollen wir auf verschiedene Arten des Dankens blicken, aber sie stehen alle in dem weiteren Kontext des Dankens für die bloße Tatsache des Daseins. Die einzelnen Arten des Dankens gehen letztlich dahin, diesem einen Ziel zu dienen, und wenn die anderen besprochenen Übungen einige Tiefe gewonnen haben, werden sie uns nach und nach zu einer Dankbarkeit ohne Ende für das Sein selbst führen: Dankbarkeit dafür, dass wir sind, dass die Welt ist und dass in der Welt auch andere Wesen sind.

Wenn jemand uns fragen würde: «Was ist das, dankbar zu sein?» oder «Was bedeutet überhaupt das Wort Dankbarkeit?», wären wir um eine Antwort verlegen. «Ja», würden wir vielleicht sagen, «das ist ein Gefühl, das man haben kann, ein Gefühl von ... von ... nun, eben *danke*.» Danken scheint zunächst eine der Grundlagen des menschlichen Lebens zu sein, ebenso wie Atmen, Liebe oder Hass. Doch können wir es etwas näher betrachten und Wege finden, wie es sich steigern lässt, sodass es zu dem nächsten Schritt auf unserem Stufenweg werden kann.

Um für etwas dankbar sein zu können, müssen wir es zunächst wahrnehmen. Von Kindern zu Beginn ihres Lebens kann man nicht sagen, dass sie dankbar sind. Wir müssen heranwachsen zu einer Wahrnehmung der Welt als Gegebenem, bevor wir sie als eine Gabe ansehen können. Sie muss uns bekannt sein als etwas außerhalb von uns, in nächster Nähe von uns, uns gegenüber, damit wir dankbar sein können für irgendeinen Teil von ihr. Deshalb ist in einem gewissen Sinne Dankbarkeit erst nach dem Sündenfall möglich. Erst brauchen wir eine Welt außerhalb von uns, dann können wir ihr antworten, sei es mit Groll oder mit Dankbarkeit. Man hat gesagt, dass Kinder nicht zu beten brauchen, weil sie noch eins sind mit den Quellen des Seins – sie müssen sich nicht durch die Religion wieder mit ihnen verbinden.

In dieser gefallenen Welt, die von uns getrennt und für uns wahrnehmbar ist, sind wir bestimmt für das meiste nicht dankbar. Dank haben wir nur für etwas übrig, was sich von der großen Masse der Dinge und Ereignisse unterscheidet – etwas Bemerkenswertes und Besonderes. Es muss dabei schon einen merklichen Unterschied geben, sonst sind wir nicht dankbar (zumindest so lange nicht, bis wir für das Leiden und das Sein selbst danken können). Wenn wir uns selbst in der Gegenwart des Guten finden, sind wir mit ihm wieder verbunden durch diese Eigenschaft oder dieses Gefühl oder diese Haltung, die wir Dankbarkeit nennen. Das hebräische Wort *kadosch* oder «heilig» bedeutete ursprünglich «beiseite gelegt» – ausgezeichnet als Opfer oder für den Gottesdienst.

Dankbarkeit geht charakteristischerweise von einer Person zur anderen und lässt dabei so etwas wie Vertrautsein entstehen. Ich kann auch dankbar für ein Geschenk sein, dessen Geber ich nicht kenne – staunend dankbar, denn ich messe den unbekannten Geber nicht mit einem bekannten Maß. Doch war der Geber eine Person. Unbelebten Prozessen sind wir nicht wirklich dankbar. Wenn wir dem Wasser für sein Fließen danken, wird es belebt und zur Person. Oder anders gesagt, im Danken setzen wir uns in eine Beziehung zu einem Wesen, das das Wasser zuerst einmal gebildet hat. Und das Danken macht auch uns als Personen gegenwärtiger. Wir entstehen, wir fangen uns selbst neu an, wenn wir danken. Letztlich verbinden wir uns in jedem Danken mit dem Schöpfer, der beim Erschaffen der Welt fand, dass sie gut war.

Das Gute der geschaffenen Welt ist das Gute ihrer Sprache und Ausdrucksfähigkeit. So haben es die meisten Religionen gesehen. Im Althebräischen beispielsweise gab es überhaupt kein Wort für «Ding» – und vielleicht gab es für diese Menschen in ihrer tönenden und bedeutungsvollen Welt auch gar keine bloßen Dinge. Im heutigen Hebräisch wird für «Ding» der Ausdruck *davar* benutzt, der einer der alten Ausdrücke für «Wort» war. Diese Wahl drückt die Einsicht aus, dass jedes Ding, richtig verstanden, ein Wort ist.

Immer wenn wir dankbar sind, haben wir es mit etwas Worthaftem zu tun, mit einer Bedeutung, und so nähern wir uns einem Verständnis von der Welt als einer von dem WORT geschaffenen. Das Geschenk bedeutet etwas für uns. Es spricht. Es sagt uns: «Du hast an mich gedacht»,

«Du liebst mich»; oder das Geschenk hat die Bedeutung: «Jetzt kann ich dieses tun», oder «Die Welt ist gut». Oder einfach: «Hier ist dieses.» Die Schönheit selbst trägt eine Bedeutung, die sich nicht in Worte fassen lässt: Sie bedeutet einfach *das* – diese besondere Schönheit. In vielen Sprachen ist das Wort für «Welt» verwandt mit dem Wort für «Licht» – so bedeutet zum Beispiel das rumänische *lumen* sowohl «Licht» als auch «Welt». Alles, was wir in dieser Welt finden, hat Anteil am Licht, alles was sich uns zeigt, kann die Quelle von Dank sein.

Danken heißt, sich auf das jeweilige besondere Geschenk zu konzentrieren, auch dann, wenn das Besondere einmal das ganze Universum ist. Irgendwohin, innerhalb von alledem, was ist, richte ich meine Aufmerksamkeit, und mein Dank gilt dem Gegenstand meiner Aufmerksamkeit. Jeder Blick, den wir auf etwas richten, jeder Vorgang der Konzentration, wird uns zur Dankbarkeit hin bewegen, in dem Maße, wie wir auch Denken, Tun, Fühlen, Lieben und uns Öffnen geübt haben. Dank kommt nicht durch das spezielle Üben des Dankens allein zustande, sondern durch das harmonische Zusammenwirken mit allen anderen Übungen, die unsere Aufmerksamkeit erhöhen. Ebenso erhöhen auch alle meditativen Übungen unsere Fähigkeit zu danken, weil sie eine Konzentration der seelischen und geistigen Kräfte mit sich bringen.

Der Aufmerksamkeit als solcher haftet ein Aroma des Guten an. Sozialpsychologische Studien haben gezeigt, dass übertriebene Strenge gegenüber Kindern sich auf deren Entwicklung besser auswirkt als völlige Vernachlässigung.

Die pure Aufmerksamkeit genügt, um uns dasjenige oder denjenigen, dem sie gilt, als gut erscheinen zu lassen; das ist der verborgene Grund für die unangebrachte Verehrung von Berühmtheiten und «Persönlichkeiten» aller Couleur, wovon auch spirituelle Lehrer nicht ganz ausgenommen sind. Wir erlösen diese Qualität, die der Aufmerksamkeit innewohnt, wenn wir, anstatt uns von unserer Kultur manipulieren zu lassen, selbst ein Ziel für unsere Aufmerksamkeit wählen und in diesem das Gute suchen. Dann werden wir dort auch die Dankbarkeit finden.

Eine mit mir befreundete Schweizerin schrieb als Gruß unter einen Brief: «Ich wünsche Dir gutes Arbeiten und wunderbare Begegnungen.» Sie meinte keine geschäftlichen Zusammenkünfte. Sie meinte Begegnungen mit anderen Menschen. Ihre Worte erinnerten mich daran, dass ich, angefangen bei meinen Eltern, mit ungezählten Begegnungen beglückt oder gestraft worden bin, die das, was mir möglich war, verändert haben und mir neue Ausblicke eröffnet oder auch verschlossen haben. Welche Begegnungen haben unser Leben verändert? Haben einige von ihnen Früchte getragen? Sind wir für die guten von ihnen dankbar genug gewesen, um zu verstehen, was sie uns sagen wollten? Ist es für andere gut gewesen, uns zu begegnen? Mit ihrem Wunsch zu Abschluss des Briefes machte mich die Freundin auf ein ganzes Feld von möglicher Dankbarkeit aufmerksam, das ich weitgehend ignoriert hatte. Ich bemerkte daran auch, dass ich dazu neige, nur an vergangene Begegnungen zu denken, während sie mir wunderbare Begegnungen in der Zukunft gewünscht hatte. Vielleicht sind wir noch nicht allen Menschen begegnet, die für uns wirklich wichtig sein werden. Gerade so, wie es eine Zeit gab, als wir unseren Lebensgefährten noch nicht begegnet waren, und eine Zeit, in der unsere Kinder noch nicht geboren waren, ist dieser gegenwärtige Moment eine Zeit vor der nächsten Begegnung, die eine ebenso große Bereicherung darstellen kann. Können wir im Voraus dankbar sein für die bloße Möglichkeit, neue Freunde zu gewinnen?

Es hängt so viel davon ab, wem wir begegnen, und es sind nicht unbedingt die Menschen in unserem Leben die wichtigsten, die den meisten Einfluss haben und uns äußerlich «helfen» können, sondern solche, mit denen zusammen etwas entstanden ist, das in einmaliger Weise während der Begegnung anwesend war und unser Leben auf eine Weise gefördert hat, die man fühlen, aber nicht messen kann. Von den nicht wenigen Begegnungen dieser Art in meinem Leben möchte ich eine erwähnen, die während einer Periode intensiven meditativen Übens vor zwei Jahren stattfand.

Ich hatte mein Auto in die Werkstatt gebracht und und brauchte für den Rückweg eine Mitfahrgelegenheit. Ein sehr alter Mann, der gerade sein eigenes Auto abgeholt hatte, bot mir an, mich bis zur nächsten Bahnstation mitzunehmen. Während der Fahrt unterhielten wir uns. Ich fragte ihn wegen der zwei Aufkleber an seiner Stoßstange aus, die ihn als Kriegsveteranen und Veganer auswiesen. Diese Kombination erschien mir ungewöhnlich. Das Gespräch drehte sich ausschließlich um ihn, denn es interessierte mich sehr, etwas über sein Leben zu erfahren. Nach einer Fahrt von etwa fünf Minuten bis zum Bahnhof stieg ich aus und sagte:

«Ich danke Ihnen vielmals fürs Mitnehmen.» Statt nun zu sagen: «Es ist gern geschehen», fixierte mich der alte Mann mit einem durchdringenden, aber milden Blick und sagte: «Machen Sie sich um nichts Sorgen. Niemals. Das hilft ja doch nicht.»

Ich musste lachen, und er fuhr davon. Was für ein Geschenk! Wie ich zum Zug ging und mir einen Platz suchte, fühlte ich mich, als ob von meinen Schultern eine ganze Ladung von Sorgen genommen worden wäre, von deren Existenz ich gar nichts gewusst hatte. Den ganzen Tag hüpfte ich geradezu. Es war eine Begegnung, die mir gegenwärtig geblieben ist, obwohl ich den Namen des Mannes nicht kenne und ihn wahrscheinlich nie wieder sehen werde. Er wusste schon, wie er mir sein Geschenk geben musste, und ich profitiere immer noch davon. Mögen wir alle solche Begegnungen in der Zukunft haben.

Eine andere Art von Ereignissen, die wir häufig beim Danken übersehen, sind die Hindernisse. Einer meiner Lehrer, Paul Wachtel, verblüffte mich durch eine ungewöhnliche Danksagung in einem seiner Bücher: Er dankte seiner Frau und seinen Kindern dafür, dass sie seiner Arbeit in die Quere gekommen seien. Das bedeutete, es gab für ihn ein Leben, ein weitaus wichtigeres Zentrum seiner Aufmerksamkeit, als es das Buch war, und dieses Leben brachte ihn immer wieder vom Schreiben ab. Als schreibender Ehemann und Vater weiß ich heute, was er damit meinte.

Wir können das Angedeutete weiter fassen und Dank sagen für alle Hindernisse, die uns von unseren Zielen fernhalten. Sie bewirken, dass wir den wahren Wert der Ziele in einer Weise abwägen und abspüren, wie wir es bei einer ebenen und leichten Wegstrecke niemals täten. Sie bilden auch ein Gegengewicht; wir können manchmal angesichts solcher Hindernisse erkennen, dass das Ziel unsere Mühe nicht wert ist. Wenn wir aber doch an unseren Zielen festhalten, müssen wir innerlich die Möglichkeiten finden, wie wir unsere Hindernisse überwinden oder mit ihnen zusammenwirken und sie vielleicht integrieren können.

Einer meiner Lehrer an der Grundschule sagte einmal, es könne keine Geschichte ohne Konflikt geben, und ich wollte versuchen, ihn zu widerlegen. So schrieb ich eine Geschichte von einem Garten und klammerte sorgfältig jegliche Spannung, jeglichen Konflikt aus. Sie war strohtrocken und unerträglich langweilig. Ich sah schließlich ein, dass der Konflikt doch notwendig für eine Geschichte ist, und so ist es auch mit der Geschichte unseres Lebens als Ganzem. Kein Hindernis, kein Leben. Wenn wir uns tiefer mit diesem Thema beschäftigen, können wir eine Ahnung von dem bekommen, was Schicksal oder Karma genannt wird. Ebenso wie unsere Begegnungen flüstern uns unsere Hindernisse etwas zu von einem größeren Leben, in das hinein sich dieses Leben entfaltet. Hindernisse zeigen uns, wie weit unser Horizont reicht, und geben uns die Möglichkeit, ihn auszuweiten. Ist es unmöglich, schon heute für die Hindernisse von morgen zu danken?

Was wir auch tun, wir wissen nicht, wie wir es machen. Wir wissen nicht, wie wir denken, wie wir sprechen, oder wie wir uns bewegen. Wir wissen nicht, auf welche Weise die geheimnisvollen Fähigkeiten des Fühlens und der Liebe zu uns gelangen. Jede von ihnen ist ein Geschenk. Wir empfangen die größten Wohltaten auch dann, wenn wir denken, dass nichts Besonderes geschieht. Sie sind das fundamentale, unverlierbare Vermögen des Bewusstseins selbst. Kein Logiker kann einen Grund dafür angeben, warum dieses oder jenes Argument evident ist. Letztlich – hinter allen aufgestellten Regeln der Logik – müssen wir uns auf unseren Wahrheitssinn verlassen, der nur ein Fühlen ist – ein helles Fühlen für die Wahrheit – dessen Ursprung und Wirkensweise jedoch zunächst unergründlich sind. Wenn wir die Funktionen des Bewusstseins in unser Blickfeld rücken, ihre Kostbarkeit empfinden und uns mit dem Fühlen den Weg ertasten, der zur Quelle ihrer geheimnisvollen Verfügbarkeit führt, können wir uns bis an die äußersten Ränder des Alltagsbewusstseins begeben. Manchmal kann unser dankbares Staunen diese Ränder zur Auflösung bringen, wenn wir dabei sind, unseren Weg unmittelbar ins Quellgebiet hinein zu erfühlen. Dann haben wir einen neuen Horizont des Staunens.

Die Übungen in diesem Buch zielen auf die Läuterung der grundlegenden Seelenvorgänge, d.h. der Aufmerksamkeit in allen ihren Formen, dem Denken, Tun, und so fort. Wenn wir jeder von ihnen dieses Element der Dankbarkeit hinzufügen, erfahren wir noch mehr über sie. Dankbarkeit wirkt wie eine weitere Einladung an die Aufmerksamkeit, hilft ihr, sich uns zu offenbaren und immer mehr in das Licht unseres Gewahrens zu treten. In gesegneten Momenten wissen wir, dass wir die Aufmerksamkeit *sind,* die ans Licht kommt.

Innere Aspekte des Denkens und Fühlens drücken sich nicht notwendigerweise in gewohnter Art aus, etwa in Worten oder Bildern oder in irgendeinem anderen Element der Vergangenheit, aber sie enthüllen sich uns doch. Sind sie von Dankbarkeit begleitet, dann werden sie auf einmal bewusster und innerlicher. Dankbarkeit kann schnell vergehen, aber sie nimmt für einen Augenblick das Tun in Anspruch, und in diesem Augenblick kann sich die Zeitlosigkeit unserer Aufmerksamkeit fühlbar machen.

Steiner setzt in seiner Formulierung der sechs Übungen das Verzeihen an die sechste Stelle. Wenn man, nach seinen Worten, die vorhergehenden fünf harmonisch abwechselt, entsteht in der Seele eine Stimmung der Versöhnlichkeit oder der Bereitschaft zu verzeihen. Ich habe das viele Jahre lang praktiziert und bin sicher, dass Steiner Recht hat. Wir alle haben einen riesigen Groll auf die Welt, und in jeder der Übungen arbeiten wir daran, dieses elementare Gefühl aufzulösen. Dann können wir vergeben. Dazu müssen wir einen neuen Anfang machen oder unseren Groll wenigstens so weit umwandeln, dass er dem von Robert Frost ähnlich wird, der auf seinen eigenen Grabstein schreiben ließ: «Er lag als Liebender in Hader mit der Welt.»

Ein buddhistischer Lehrer sagte mir einmal, dass wir, so lange man uns beleidigen kann, nicht erleuchtet sind. Mit jedem Schritt, der uns der Erleuchtung näher bringt, werden wir ein wenig weniger anfällig für Kränkungen. Wir können sie vergeben. Durch die Versöhnlichkeit kann mehr von der Energie der Seele in die intensive Kultivierung ihrer Fähigkeiten fließen – die Rilke unsere «fröhlichen Kräfte» nannte – und weniger in die Pflege unserer Wunden.

Durch die Übungen selbst habe ich gefunden, dass Versöhnlichkeit zum Danken führt, und deshalb habe ich das Danken zur sechsten Übung gemacht. Wirkliches Verzeihen ist nicht bloß ein neutraler Zustand, in dem man das Vergangene auf sich beruhen lässt oder die alte Beleidigung aus dem Bewusstsein verdrängt. Es besteht darin, eine Kehrtwendung zu machen und der Person oder der Situation, die uns angegriffen hat, wirklich für das Geschehene zu danken. Wie bereits erwähnt, kann uns niemand dazu zwingen, und wir müssen es auch nicht tun. Aber möglich ist es uns.

Menschen, die wirklich Furchtbares erleiden mussten – Vergewaltigung, Einzelhaft, Konzentrationslager – berichten manchmal, dass sie von alldem, was ihnen angetan wurde, einiges nicht vergessen können und einiges als ausschließlich böse ansehen. Sie seien in ihrer Situation jedoch auch mit manchem beschenkt worden, das sie gestärkt habe und wofür sie dankbar waren. Psychologen spielen solche Einsichten gewöhnlich als «rationale Erklärung» herunter, so, als ob sie das Errungene theoretisch annullieren wollten. Ich bin eher geneigt, die Menschen beim Wort nehmen.

Beim Trekking in Nepal lernte ich einen italienischen Bergsteiger kennen, der einmal fast ertrunken wäre, als sein Schiff sank. Er und zehn andere waren fünfundvierzig Tage in einem Rettungsboot auf dem Pazifik, ehe sie gefunden wurden. Er berichtete darüber, wie sie die Toten über Bord geworfen hätten, und schilderte, wie entsetzlich es gewesen war, dem wütenden Meer ausgesetzt zu sein. Er sagte, dass sie ab einem bestimmten Punkt so wenig hatten, dass die Tagesration darin bestand, die Spitze des Zeigefingers anzulecken, sie in den Zuckersack zu stecken und den anhaftenden Zucker zu lutschen. Er verlor in dieser Zeit fünfzig Pfund. Als wir über seine Erlebnisse sprachen, sagte er mir, dass sie ihn immer noch bedrückten. Er habe noch Jahre später Albträume gehabt und müsse immer noch manchmal über die erlebten Qualen und die verlorenen Menschenleben weinen. Zeitweise empfinde er noch erbitterte Wut gegenüber denjenigen, die das Schiff untergehen ließen und so viele Menschenleben zerstörten. Aber die Zeit in dem Rettungsboot habe ihm auch Stärkendes gebracht, und er war dankbar dafür. Vor allem erhielt er dadurch einen Maßstab. Wenn ich *das* meistern konnte, so dachte er oft, werde ich auch *dieses* meistern – gleich, welches Problem im Leben auftrat. Alles in allem sei er seit dem Schiffbruch sehr viel aktiver und beruflich erfolgreicher geworden. Er fürchte sich auch nicht mehr vor dem Tod. «Dort draußen» war er an Momente der völligen Versöhnung mit dem Tod herangekommen, und jetzt konnte er sie, wenn er wollte, zurückrufen. So dankte er für die Tiefe und Weite, die seine Erfahrung ihm gegeben hatte, obwohl, oder besser gesagt, weil es eine Katastrophe war.

Versöhnlichkeit ist der Anfang des Dankens, und dann gibt es für das Danken kein Ende. Man kann sich einen kontemplativen Orden vorstellen, dessen Bekenntnis das Danken wäre und sonst nichts. Er würde uns Übrigen einen enormen Dienst erweisen. Anstelle der physikalischen Wel-

len und der gedanklichen Wellen, die den Ärger in der Welt
am Leben erhalten, würde ein solcher Orden eine Qualität
aussenden, die dabei hilft, Himmel und Erde immer innerlicher zu vermählen. Dank reicht bis zu den Quellen der
Welt und bringt Schöpfer und Geschöpfe nahe zusammen.

Die Praxis des Dankens

Eine Vorübung zur Entwicklung der Dankbarkeit besteht
darin, eine Frage zu finden, die für uns wirklich Bedeutung
hat, und über sie nachzusinnen. Ungeeignet wäre eine Frage, die keine Konturen hat, zum Beispiel, wenn es die Frage
eines anderen wäre. Eine wirkliche Frage wäre zum Beispiel
die nach einer Begegnung, die unser Leben verändert hat.
Oder sie könnte etwas betreffen, was uns offenkundig weniger persönlich berührt, wie die Frage eines Volkswirts nach
den Distributionswegen für Getreide. Es könnte eine philosophische Frage sein, etwa die nach dem Wesen der Zeit.

Wenn wir damit beginnen, uns die Frage vorzulegen, vielleicht nicht zum ersten Mal, sollten wir versuchen, sie von
Grund auf zu behandeln, als wäre es das erste Mal. Wenn
unser Denken tief genug pflügt, kommen wir in Gefilde
des Nichtwissens, der Offenheit, an den Rand eines verhei-
ßungsvollen Nichts. Die Frage, die etwas ganz Praktisches
betreffen kann, beginnt uns zu öffnen.

Während wir die Frage bewegen, können wir eine Wendung nach innen machen, um das Danken mit einzuschlie-

ßen. Wir können über die bloße Tatsache staunen, dass wir eine neue Arena zu Gesicht bekommen: die spezifische Zone des Nichtwissens, mit der uns die Frage beschenkt. Wir fragen zum Beispiel: «Was für eine Welt ist das, in der Zeit überhaupt möglich ist? Woher kommt Zeit? Wer hat sie geschaffen? *Wie* kann ich sie denken?» Durch unsere vorhergehende Arbeit mit dem Lieben liegt ein positiver Akzent auf solchen Fragen, und die Wohltat der Frage kommt zunehmend in den Vordergrund, auch wenn die Frage unbeantwortet bleibt. Wir werden dankbar, wie eine Wiese für den Regen. Dass wir *fragen* können, ist der Regen.

Diese Übung eröffnet uns die Möglichkeit, auch dann dankbar zu sein, wenn wir auf manchen Gebieten des Lebens nicht bekommen, was wir «wollen». Sie ist dem Wesen nach eine Übung, mit der wir absichtlich die Verwunderung und das Staunen ins Spiel bringen, indem wir sie an einer Frage entwickeln, die wichtig für uns ist. Durch ein solches Staunen können wir uns in Richtungen, Tiefen und Dimensionen als dankbar erleben, die wir früher außer Acht gelassen haben.

Eine weitere Übung im Danken besteht darin, ein Empfinden von Dank in dem Augenblick zu entwickeln, wenn wir am Morgen aufstehen. Da sich dieser Vorgang regelmäßig wiederholt, kann er als Gedächtnisstütze dienen: Jetzt ist der Augenblick, um dankbar zu sein. Und doch ist unsere Dankbarkeit jeden Morgen von neuem ein schöpferischer Akt und durchaus keine Wiederholung. Wenn wir wollen, können wir die Dankbarkeit in diesem Augenblick irgendwie anregen. Wir können für eine besondere Wohltat, die wir empfangen haben, dankbar sein, oder für das ganze Dasein. Wenn wir dies regelmäßig üben, werden wir finden, dass wir für die aktuelle Erfahrung, das Fühlen des Dankes, sehr wenig Anlass brauchen. Danken ist wie eine Art Feuer, das immer weniger Stroh als Brennmaterial zur Erhaltung seiner Leuchtkraft braucht, bis es am Ende ganz ohne Stroh auskommt. Wir werden wach, setzen die Füße auf den Boden und eine intensive Dankbarkeit ist da.

Steiner pflegte auf die Hilfe hinzuweisen, die durch die regelmäßige Aufeinanderfolge der fünf vorherigen Übungen kommt, wenn man jeden Monat eine von ihnen übt, und wir haben schon betrachtet, wie sie gemeinschaftlich zur Übung des Dankens beitragen. Das Folgende ist eine weitere Anwendung derselben Idee, nur im Kleinen. Wir können in weniger als fünf Minuten alle fünf vorher genannten Übungen in uns wachrufen und uns die lebendige Qualität einer jeden von ihnen nacheinander vergegenwärtigen. Ich nenne das «Rotation».

Zum Beispiel vergegenwärtigen wir uns, wie wir *denken*: dass es möglich ist, sich auf ein bestimmtes Gebiet zu konzentrieren und seinen Sinn immer tiefer zu empfinden, immer weniger durch Ablenkungen gestört; dass Denken immer in der Gegenwart stattfindet; dass seine Wurzeln für die gewöhnliche Aufmerksamkeit unsichtbar sind; dass Verstehen immer unsichtbar ist; dass wir von unseren Gedanken nicht getrennt, sondern *in* ihnen sind. Wir wechseln dann in unserer Betrachtung darauf, wie wir *handeln:* auf das Wunder, dass wir unseren Körper willentlich bewegen können; auf die Wohltat, die wir gefühlt haben, wenn wir eine einfache Handlung mit vollkommener Konzentration vornehmen. Dann denken wir daran, wie wir *fühlen*: dass wir übertriebene Emotionen aufgeben können und nun tief die Wahrheit in allem, was uns umgibt, fühlen können. Wir denken daran, wie wir *lieben*: dass die Aufmerksamkeit in Richtung auf das Allerbeste eilt, die Perle im Schlamm findet und restlos in ihrem Objekt aufgeht, ohne sich selbst zu verlieren. Wir denken daran, wie wir uns *öffnen*: an unsere Fähigkeit, unsere Erinnerungen und Erwartungen fallen zu lassen und die Welt nicht als eine Ansammlung von Objekten zu verstehen, sondern eher als ein Gespräch. Diese Formulierungen sind nur Beispiele, und es hätte keinen Sinn, sie so zu wiederholen. Sie sind Vorschläge, wie man über den Stufenweg als Ganzen nachsinnen und in Kürze ein Gefühl für jeden einzelnen Schritt lebendig machen kann.

Diese Übung, bei der man im Geist durch die fünf ersten Übungen kreist, kann mit einem Moment der Dankbarkeit enden. Wir danken dafür, dass die Seele mithilfe der Übungen in diese Richtungen hin ausgeweitet werden kann, dass Üben überhaupt möglich ist. Die Vollkommenheit der Seele ist selbst ein Geschenk, vielleicht überhaupt das größte von allen, und es schließt unsere Freiheit mit ein, die Seele *nicht* zu vervollkommnen, sondern sie so gut (oder so schlecht) wie sie ist, zu lassen.

Es ist hilfreich, diese Art von Rotation zu üben, bevor wir an ein anderes meditatives Thema oder ein Gebet gehen. Sie bereitet uns auf das Eintauchen in das Thema vor, auf das wir uns dann konzentrieren. Wenn wir kurz in jede der sechs Qualitäten eintauchen, werden wir bemerken, dass wir anschließend mehr von uns selbst in das meditative Thema einbringen können. Es wird uns dadurch möglich, unsere Kräfte ausschließlich in Richtung auf das Thema zu bündeln. Wir werden uns voraussichtlich weniger in Assoziationen und Ablenkungen verlieren. Eine fünfminütige Rotation durch die sechs Übungen ist auch hilfreich vor einer wichtigen persönlichen Begegnung oder zum Tagesanfang.

Danken ist wie das Denken ein Manna, das nicht aufbewahrt werden kann. Es lebt im Moment des Vollziehens, sonst verwest es. Danken, das träge geworden ist, verwandelt sich in die Angst, das zu verlieren, was man hat. Das ist kein Danken mehr: es ist eine Art von Unsicherheit, wenn nicht von Habgier. Danken reißt ein Geschenk nicht an sich, sondern hat seine Freude daran. Wir können ein Geschenk – sogar dann, wenn es etwas Unkörperliches wie die Zeit selbst ist – so auffassen, als würde es von uns erwarten, dass wir es umarmen, aber es nicht mit unserer Zuneigung an uns ketten. Danken belässt das Geschenk frei.

Wenn wir unsere Dankbarkeit genügend intensivieren, verdichtet sie sich, ebenso wie die anderen Seelenfunktionen, und wird eine Aktivität, die durch sich selbst besteht. Wir brauchen nicht jemanden, dem wir danken können, oder etwas, wofür wir dankbar sind. Wir werden das Danken selbst, ein Teil der Dankbarkeit am Herzen der Schöpfung, und das ist mehr als genug.

Anmerkungen

In diesem Buch wurden Einzelheiten über Psychotherapie-Patienten zur Wahrung der Vertraulichkeit geändert.

Einführung

1. Platon, *Phaidon*, 67 C. Platon, *Sämtliche Werke*, hrsg. v. E. Loewenthal, Heidelberg: Lambert Schneider [8]1982. Bd. 1, S. 744.

2. Die 6 «Nebenübungen» hat Rudolf Steiner mehrfach dargestellt. Siehe dazu vor allem folgende Bände der im Rudolf Steiner Verlag, Dornach, erscheinenden Rudolf Steiner Gesamtausgabe (= GA): *Anweisungen für eine esoterische Schulung*, Kapitel I «Allgemeine Anforderungen» (Nebenübungen), Sonderausgabe GA 245 und *Seelenübungen*, GA 267, Band I.

3. David A. Cooper, *God Is a Verb: Kabbalah and the Practice of Mystical Judaism*, New York: Riverhead 1997.

4. Ralph Waldo Emerson, «Merlin», in *The Early Poems of Ralph Waldo Emerson*, New York: T.Y. Crowell 1899, S. 159.

5. Robert Frost «Birches», in: E.C. Lathem, L. Thompson (Hrsg.), *Robert Frost: Poetry and Prose*, New York: Henry Holt 1972, S. 54.

6. Zur Einführung siehe Christoph Lindenberg, *Rudolf Steiner*, Rowohlts Monografien, Reinbek 1992; Taja Gut, *Aller Geistesprozess ist ein Befreiungsprozess. Der Mensch Rudolf Steiner*. Dornach: Verlag die Pforte [2]2003.

7. Siehe Rudolf Steiner, *Grundlinien einer Erkenntnistheorie der Goetheschen Weltanschauung*, GA 2; *Wahrheit und Wissenschaft*, GA 3; *Die Philosophie der Freiheit*, GA 4.

8. Georg Kühlewind, *Vom Normalen zum Gesunden*, [6]2005; *Das Leben der Seele zwischen Überbewusstsein und Unterbewusstsein*, [2]1986; *Bewusstseinsstufen*, [3]1993; *Die Logosstruktur der Welt*:

Sprache als Modell der Wirklichkeit, 1986; *Das Gewahrwerden des Logos: Die Wissenschaft des Evangelisten Johannes*, ²1990; *Vom Umgang mit der Anthroposophie*, 1991, *Wege zur fühlenden Wahrnehmung*, ²2002; *Aufmerksamkeit und Hingabe*, ²2002; *Der sanfte Wille*, ³2001, alle im Verlag Freies Geistesleben, Stuttgart.

9 Joel Porte (Hrsg.), *Ralph Waldo Emerson, Essays and Lectures*, New York: Library of America, 1983, siehe auch: R.W. Emerson, *Gesammelte Werke*, Leipzig: Diederichs 1904, sowie: R.W. Emerson, *Die Sonne segnet die Welt*, Auswahl aus seinen Werken. Düsseldorf: Langewiesche 1906.

10 Mt. 18, 3. Bibelzitate werden in der Regel nach der Übersetzung Martin Luthers wiedergegeben.

11 Buddha, *The Dammapada: The Sayings of the Buddha*, trans. T. Byrom, New York: Vintage Books, 1976, S. 3, siehe auch: Gautama Buddha, *Die Reden des Buddha*, gruppierte Sammlung, Leinen: Beyerlein und Steinschulte 1997.

12 Emerson, «Experience», in *Essays and Lectures*, S. 475.

13 Emerson, «The Oversoul», in *Essays and Lectures*, S. 385.

14 Dogen, *Moon in a Dewdrop*, Hrsg. K. Tanahashi, San Francisco: North Point, 1985, S. 472.

15 Emerson, «Experience», S. 472, siehe Anm. 12.

1. Denken

16 Henry Ellenberger, *The History and Evolution of Dynamic Psychiatry*, New York: Basic Books 1970, siehe auch L.L. White, *The Unconscious before Freud*, New York: Basic Books 1960.

17 Sigmund Freud, *On Creativity and the Unconscious*, New York: Harper and Row 1958.

18 J.L. Benson, *Greek Color Theory and the Four Elements: A Cosmological Interpretation*, Amherst, MA: University of Massachusetts Libraries 2000; library@umass.edu/color.jpg.

19 Noam Chomsky, *Aspects of a Theory of Syntax*, Cambridge, MA: MIT Press 1965. Deutsche Ausgabe: Noam Chomsky, Aspekte der Syntax-Theorie, Frankfurt a. M.: Suhrkamp 1973.

Die meisten Linguisten, Chomsky eingeschlossen, würden heutzutage das Gestimmtsein des Kindes auf die Sprache dem Gehirn als primärer Quelle zuschreiben.

20 Blaise Pascal, *Pensées,* Paris: Garnier Flammarion 1973, S. 128.

21 Emerson, «The Oversoul», S. 385, siehe Anm. 13.

22 Emerson, *Tagebücher, Eintragung vom 13. Mai 1835,* zitiert in burt-slaw.com homepage.

23 Bodhidharma, *The Zen Sermons of Bodhidharma,* übersetzt von Red Pine, Berkeley,CA: North Point Press 1987, S. 31. Deutsche Ausgabe: Red Pine, Agatha Wydler (Übers.), *Bodhidharmas Lehre des Zen,* Zürich, München: Theseus Verlag 1990. Das angegebene Zitat findet sich hier auf Seite 40, allerdings in einer etwas anderen sprachlichen Fassung.

24 William Shakespeare, *Hamlet,* 3. Akt, 3. Szene.

25 Ebd. Schlegel-Tieck-Übersetzung.

26 W.B. Yeats, «The Circus Animals' Desertion», in *The Collected Poems of W.B. Yeats,* New York: Macmillan 1951, S. 335.

27 Emerson, «The Oversoul», S. 385.

28 Simone Weil, *Zeugnis für das Gute,* aus dem Französischen übersetzt und herausgegeben von Friedhelm Kemp, Zürich: Benzinger 1998, S. 52 ff.

29 Rudolf Steiner, *Anthroposophische Gemeinschaftsbildung,* Vortrag vom 6. Februar 1923, GA 257, Dornach ⁴1989, S. 53 f.

30 «Katha Upanishad» in: J. Mascaro (Übers.): *The Upanishads,* New York: Penguin 1965, S. 65, siehe auch: Alfred Hillebrandt (Übers. u. Hrsg.): *Upanishaden,* München: Diederichs 1996.

2. Handeln

31 John R. Searle, *Expression and Meaning, Studies in the Theory of Speech Acts,* New York: Cambridge University Press 1979.

32 Vgl. die Diskussion über die Grenzen einer Gehirntheorie des Bewusstseins in Karl Popper u. C. Eccles, *Das Ich und sein Gehirn,* München: Piper 1989, und Jane Haley, *Endangered Minds: Why Children Don't Think and What We Can Do About It,* New York: Touchstone 1990.

33 Rudolf Steiner, *Allgemeine Menschenkunde als Grundlage der Pädagogik*, GA 293, 13. Vortrag.

3. Fühlen

34 «Die drei Welten zu verlassen heißt: von Gier, Wut und Illusion zu Moralität, Meditation und Weisheit zurückzukehren.» *The Zen Sermons of Bodhidharma*, S. 47. (Anm. des Autors: Die drei Welten sind die Begierdenwelt, die Welt der Formen und die formfreie Welt.)

35 Georg Kühlewind, *Vom Normalen zum Gesunden*. Siehe auch ders., *Der sanfte Wille. Vom Gedachten zum Denken, vom Gefühlten zum Fühlen, vom Gewollten zum Willen.*

36 Daniel Goleman, *Emotional Intelligence*, New York: Bantam 1995, deutsche Ausgabe: D. Goleman, *Emotionale Intelligenz EQ*, München: Deutscher Taschenbuchverlag 1997.

37 Langston Hughes, «The Island» in: Langston Hughes, *Selected Poems*, New York: Knopf 1954.

38 John Keats, «Ode on Melancholy» in: *The Norton Anthology of Poetry*, New York: W.W. Norton 1975.

4. Lieben

39 Evelyn Fox Keller, *A Feeling for the Organism: The Life and Work of Barbara McClintock*, New York: W.H. Freeman 1983.

40 Eugen Herrigel, *Zen in der Kunst des Bogenschießens*, Frankfurt a.M.: Fischer Taschenbuch 2004.

41 Mihalyi Czikszentmihalyi, *Flow: The Psychology of Optimal Human Experience*, New York: Harper and Row 1990, deutsche Ausgabe: M. Czikszentmihalyi, *Flow*, Stuttgart: Klett-Cotta 2004.

42 Rainer Maria Rilke «Der Schauende» in: Rainer Maria Rilke, *Werke in drei Bänden*, Band 1, Frankfurt a.M.: Insel Verlag 1966.

43 Siehe hierzu Friedrich Hölderlin «Aber Freund, wir kommen

zu spät» in Friedrich Hölderlin, *Gesammelte Werke,* hrsg. von Robert Honsell, Gütersloh: Bertelsmann 1956.

44 Georg Kühlewind, *Die Logosstruktur der Welt.*

45 Johannes Scotus Eriugena, aus «Patrologia Latina» in A. Freemand (Hrsg.): *The Age of Belief: The Medieval Philosopher,* New York: George Braziller 1957, siehe auch: Heinrich Joseph Floß (Hrsg.): *Joannis Scoti Opera quae supersunt omnia,* Reihe: Patrologia latina, Band 122, Reprint, Turnhout: Brepols 1985.

46 R.M. Rilke, *Sonnette an Orpheus,* I. Teil, III.

5. Sich öffnen

47 William Blake, «The Little Black Boy», in: *The Norton Anthology of Poetry.*

48 Psalm 19.

49 Alan Ereira, *The Heart of the World,* London: Cape 1990.

50 Marius von Senden, *Space and Sight,* Glencoe,IL: Free Press 1960.

51 *Rudolf Steiner in der Waldorfschule,* GA 198, Vortrag vom 10.7.1920.

6. Danken

52 Arthur Deikman, The Observing Self: Mysticism and Psychotherapy, Boston: Beacon 1982.